北大·周建波教授

营销哲学

周建波○著

知识产权出版社

全国百佳图书出版单位

图书在版编目（CIP）数据

营销哲学 / 周建波著. — 北京：知识产权出版社，2015. 10
ISBN 978-7-5130-3577-4

Ⅰ. ①营…　Ⅱ. ①周…　Ⅲ. ①营销—经济哲学　Ⅳ. ①F713.3

中国版本图书馆CIP数据核字（2015）第139229号

内容提要

本书讲的是营销从表面上看，是产品和货币的交换，但从本质上看是人和人之间的社会关系。企业要生存、要发展，必须满足顾客的需求。而要满足顾客的需求，必须首先发现顾客的需求。此外，还要满足员工、供应商、经销商、金融机构、新闻媒体、政府、公众等合作伙伴的需求。说到底，企业是带着一个战略同盟来跟另一个企业的战略同盟展开竞争，看谁更能满足顾客的需求。本书将营销的本质上升到哲学层面，揭示营销与人性的根本关系，即如何通过营销各环节中纷繁复杂的表象来把握客户的心智，提高营销的精准度。

责任编辑：杨晓红　　　　　　　　　　　　责任出版：刘译文
封面设计：郭　蝈

营销哲学

周建波　著

出版发行：知识产权出版社有限责任公司	网　　　址：http://www.ipph.cn
社　　　址：北京市海淀区马甸南村1号	天猫旗舰店：http://zscqcbs.tmall.com
责编电话：010-82000860 转 8114	责 编 邮 箱：1152436274@qq.com
发行电话：010-82000860 转 8101/8102	发 行 传 真：010-82000893/82005070/82000270
印　　　刷：三河市国英印务有限公司	经　　　销：各大网上书店、新华书店及相关专业书店
开　　　本：787mm×1092mm　1/16	印　　　张：14.5
版　　　次：2015 年 10 月第 1 版	印　　　次：2015 年 10 月第 1 次印刷
字　　　数：250 千字	定　　　价：39.00 元

ISBN 978-7-5130-3577-4

推荐序一

尽管我对本系列丛书所涉内容并不精通，没有多少发言权，但我还是十分乐意应作者邀请为之作序。缘由无它，作为周建波先生多年好友和同事，我了解他；也很为他这些年在教学研究领域取得的成就感到高兴。能与大家分享这份感受和喜悦，不敢说对读者一定会有多大助益，但在我看来，这是一份义务，更是一种责任。

你也许不一定完全接受作者提出的每一个论点，及其所做的每一层分析和阐述，事实上作者也从未视己见为不可更改的定论，反而一再表示继续研究思考之意；但你不能不承认他的论述本身富有说服力，如同他讲课极富感染力一样。周建波先生才华横溢、善于表达、富于激情；其文章论点明确、论据充实、旁征博引，这是大家公认的。大凡古今中外、各种学问与史事，以及现实生活的方方面面，无论天文地理、人文社科，还是领袖教导、贤人名句，甚或民间传说、草根习俗等，作者皆可随手拈来，为其所用。其视野之开阔，事理之通达，分析之透彻，让人击掌叫好。读者在阅读之际，能在不知不觉间被他的论述所吸引。没有深厚的学术功底和长期修炼，要做到这一点几乎是不可能的。当然，这同他根植和长期浸润于北京大学的历史和经济学科的深厚学术背景和土壤密不可分。

但这还不是最重要的。如果不是同改革开放的实践相结合，也难以迸发出夺目的思想火花。事实上，只知埋头于故纸堆的历史研究必难有所成就，这是人们普遍认可的事实；但要做到博古通今，古为今用，也不是那么容易的事情。周建波的一大优点正是在于他不拘泥于既定的、熟悉的历史知识框架，而是满腔热情地投入改革开放的实践，深入体验这些年来中国社会所发生的深刻变化，并努力将所学历史知识同鲜活的实践相对照、相渗透、相结合，从而大大加深了他的思想深度及其现实性。这就是为什么人们阅读他的《企业变革》《营销哲学》《营销管理》与《儒墨道法与现代管理》,或者聆听他的讲解,会每每感受到唯物论和辩证法的魅力,以及来自实践论和矛盾论的启发。

周建波教学研究成就的意义,早已越出他个人成功的范畴,它是北京大学经济学科这些年来改革发展成果不可或缺的一部分。具有百年历史传承的北京大学经济学科,这些年来逐渐成长为改革开放新时期的精英摇篮、理论阵地和思想先锋。然而走到这一步并不容易,那是在克服了从思想认识到合格人才等各方面的障碍和困难之后才取得的。如何将史论见长的优势转化为现实的成果,就是当初所面临的最艰巨、最迫切的任务之一。直接面向社会、举办企业家培训班,当初也是在争论许久后才取得共识、着手办起来的。缺少合格人才更是当时的一大难题。就是在这个当口,年轻的历史学者周建波走上了直接面对企业家的讲台。在经过一番艰苦磨炼之后,他终于取得了成功,也为北大经济学科的改革和建设立下汗马功劳。

我殷切期待并坚信,周建波先生作为中国经济思想史学科带头人,百尺竿头,更进一步,在今后的岁月中取得更骄人的成就。是为序。

北京大学经济学院前院长　晏智杰

2015.7.29

推荐序二

唐太宗在《帝范》序文中曾说:"道以光大为功,术以神隐为妙。"我觉得,这句话放在企业经营里也非常合适。对一家企业而言,整合这个企业的经济、运营、管事、用人的技能,都是"术"的层面;而经营理念、战略布局、资源整合、企业文化塑造等,则属于"道"的层面。很多企业家在产生经营管理困惑时,多侧重于寻找经营的"术",但实践当中,往往"道"才是各类问题的根本症结所在,一个企业在"道"的境界走向通达,才是治本和制胜的关键。

但是,如何学习经营企业之道? 北京大学经济学院周建波教授的这四本著作《企业变革》《营销哲学》《营销管理》《儒墨道法与现代管理》给了我们学习的方向!

多年前,周建波教授在山东教育电视台《名家论坛》栏目热播的管理学讲座中,分别开设了《企业变革》《营销哲学》《营销管理》《儒墨道法与现代管理》四个专题。通过一段时间的学习,我确实受益匪浅。当时我就想,这么精彩的讲座应该广为传播,让更多的人知道,让更多的人受益。

两年前,在北京大学光华管理学院的讲堂上,我又聆听了周建波教授的课程。周教授的学识、思考问题的方式和为人处世的方式深深吸引了我,当我将所学知识用于企业的管理和经营之后,更是收到了意想不到的效果。这次周教授邀我作序,我既深感教授厚爱,又弥足惶恐。在周教授的指导下,我和我的企业都受益颇多。因此我希望有更多的有缘人能够受益,遂不揣浅陋,写下一点感悟,是为不算序言的序也。

我个人投身于中国商海二十二年,作为改革开放之后在中国商海博弈的亲历者和见证者,亦算是在企业经营这条路上"求道"良久,我深知其中的辛酸与不易。我们这一代在商海中摸索打拼成长起来的企业家,最渴望的就是能在企业管理和企业经营中有好的理论与方法指引我们前行,希望既有理论又懂实战的领路人来帮助我们这些摸爬滚打的企业家!

经营一个企业的过程就像一场战役,几乎每时每刻都要迎接挑战:政策浪潮的冲击,市场风云的变化,内部管理的症结,人才培养的困惑……企业家们无一不希望自己能遇贵人,为自己的企业增添智囊,用大智慧和大气魄来指导经营,抢占商机,做出最理性的决策与应对。

有幸结识周建波教授之后,终于有了"问道"于贵人的福缘。经历了长久的沉淀,我越来越感触到,现在中国的很多企业,都在学习国外的管理理念和方法,当然,国外先进且优秀的东西我们肯定需要学习,但是,我个人感觉,中国的企业一定要跟中国的文化相契合,这样才能在中国的社会环境中长久地生存、发展、强大。在当代中国,回归社会的普世价值和传统文化,呼唤企业的社会责任与价值共享,把市场经济的规律与民族优秀的文化基因相结合,载以厚德,才是推动中国社会进步和企业发展的根本。

这些,正是周教授所倡导的。周建波教授作为北大经济思想史学科带头人,集历史与经济学科的研究成就于一身,他最擅长将中国历史文化与现代企业经营有机地结合在一起,能够帮助企业经营者迅速理清经营脉络,抓住企业战略制定的重心。

我非常幸运地遇上了周建波教授这位贵人,教授很低调,姿态放得很低,越是这样,越能赢得别人的尊重和认可。他告诉我,成功要靠借力,借别人的梯子,登自己的楼。在这个日新月异的时代,周建波教授这套丛书的出版正当其时,因为这四本书浓缩了万千企业的经营规律。

《企业变革》《营销哲学》《营销管理》《儒墨道法与现代管理》这四本书能够结集出版,对企业家来说,真的是非常珍贵!有缘阅读这套书籍,无异于身边多了一位无形的贵人辅佐,我发自内心地希望周教授的思想与学识能让更多的人受益,希望更多从事经营的企业家朋友能够学习、领悟、贯通、致用。

是为序。

福元运通董事长　孙立文

2015.8.5

推荐序三

首先，祝贺周建波教授把他近二十年的教学、科研、实践、思考和智慧凝聚成《企业变革》《营销哲学》《营销管理》与《儒墨道法与现代管理》系列丛书出版发行，呈献给企业家和企业管理者，共同分享他的智慧结晶。其次，感谢周建波教授邀请我为本书写序，使我也能在忙碌的企业管理工作中停一停脚步，静静地品味一下本系列丛书中的思想火花和智慧光芒，吃一顿思想的盛宴，梳理一下自己的思绪，慰藉一下这颗躁动不安的企业家灵魂。

我是1999年在北京大学经济学院主办的中国企业家特训班第一期学习时结识周建波教授的，他当时是我们的《营销管理》授课教师，他的严谨学术风格、澎湃的教学激情和谦虚的实践精神给我们留下了深刻印象，被公认为最受欢迎的教师之一。他当时说过的一些精彩的话，诸如发现需求，满足需求；只要思想不滑坡，办法总比困难多，等等，直到今天都深深地印在我的脑海里。后来的十几年岁月里，我与周教授不仅仅是师生关系，还成了亦师亦友的朋友。我们在一起的时间，探讨最多的话题就是现代企业管理，这让我受益匪浅，生活中有他一路同行使我深感荣幸。

我们处在一个全球化、瞬息万变、无时无刻都必须创新改变的时代，不管你愿意还是不愿意，经济运行的全球化和国内的营销环境，正在把每位中国企业家榨干、撕碎，企业家不敢有片刻的懈怠，唯有不断地学习、思考、改变、创新和高瞻远瞩，才能使企业踏浪扬帆，乘风破浪出海远航，绽放企业家生命的价值和光彩。

本系列丛书，从《企业变革》中的变革目的，变革方向，如何变革，企业家素质在变革中的重要性，阐述了变革时期的企业家思维和应对之策；到《营销哲学》中的营销本质，顾客和员工需求，利益共同体需求，最大化满足需求，从哲学层面揭示了营销的本质和顾客及利益集团的诉求；再到《营销管理》中的发现细分市场，坚持不懈地开拓市场，从本质和辩证思维的观点，指导营销战略管理和实施；最后到《儒墨道法与现代管理》中的投资人、职业经理人、和谐员工、不和谐员工的价值观，纵古论今地道出了现代企业管理的理念和方法。是一套高品质、接地气、与时俱进的现代企业管理丛书。

本系列丛书立体、全面地阐述了现代中国企业管理的精髓，值得每位企业家认真研读、思考和总结。

是为序。

北京华瑞核安科技有限公司董事长　　王伟华

2015.9.9

作者序

本系列丛书是在山东教育电视台《名家论坛》栏目热播的管理学讲座——《企业变革》《营销哲学》《营销管理》与《儒墨道法与现代管理》演讲稿的基础上整理而成的。

《企业变革》讲的是随着企业的发展、内外环境的改变,企业的制度和文化也必须要做相应的改变。至于变革的方向,一是由生存向发展转变。二是由追求眼前利益向追求长远利益转变。三是由游击队向正规军转变。四是由务实向务虚转变。如何做到这些转变? 这对企业领导人的素质来说是一个严峻的考验! 因而变革成功的保证是企业家素质的提高。本书以实事求是的态度、以变化的观点,从大量的营销案例和企业家管理思维入手,高屋建瓴地提出了市场转型期、企业变革期企业的应对之策。

《营销哲学》讲的是营销从表面上看,是产品和货币的交换,但从本质上看是人和人之间的社会关系。企业要生存、要发展,必须满足顾客的需求。而要满足顾客的需求,必须首先发现顾客的需求。此外,还要满足员工、供应商、经销商、金融机构、新闻媒体、政府、公众等合作伙伴的需求。说到底,企业是带着一个战略同盟来跟另一个企业的战略同盟展开竞争,看谁更能满足顾客的需求。本书将营销的本质上升到哲学层面,揭示营销与人性的根本关系,即如何通过营销各环节中纷繁复杂的表象来把握客户的心智,提高营销的精准度。

《营销管理》讲的是企业要先选择一个最有发展前途、最有竞争优势、与众不同的细分市场,然后坚持不懈地开拓它,利用每一个有利的市场机会,迅速地占领它。营销管理过程包含四个步骤:分析市场机会;选择目标市场,确定目标顾客;确定最能发挥优势的途径,树立企业形象;确定营销组合。营销组合又分4P: 产品、价格、渠道、促销。6P: 4P+权力+公共关系。10P: 6P+探查+分割+优先+定位。11P: 10P+员工。本书从管理的本质出发，运用辩证思维的观点，通过大量的营销案例，从企业家优秀的管理思维方式入手，将营销管理的各个环节做了深度剖析，对企业营销管理的具体实施具有战略性的指导意义。

《儒墨道法与现代管理》讲的是儒墨道法等传统国学思想对现代企业管理的启示。儒家代表的是职业官员（职业经理人）的价值观；墨家代表的是普通百姓、普通劳动者的价值观；道家代表的是不得志者、隐士的价值观；法家代表的是投资者、执政者、领导者的价值观。当下社会的主体基本由这四类人群组成。而企业是社会的缩影，也包含着这四类人。只有了解了这四类人内心深处的根本想法与关注点，才能找到解决社会问题的关键，才能从根本上发现并解决企业的问题，从而为有效管理打下坚实的基础。本书纵论古今，将儒墨道法思想与典型企业案例相结合，深刻揭示了如何将儒墨道法的思想运用到现代企业的管理中。

我是1996年由郑学益教授、朱正直教授带入工商管理教学领域的。1995年，我由北大历史系考入北大经济学院，跟随石世奇教授攻读中国经济思想史专业博士。经济学是经世济民的学问，现实性极强。为了取得对社会经济，尤其是经济的主体——企业更深入的认识，我在学业之外，还在经济学院专科班、专升本班教授《营销学》《中国对外贸易概论》，目的是取得对现实经济更直观、更具体的认识。就学员的反馈来说，两门课的评价都挺好，但影响更大的还是《营销学》，我曾先后给东北佳木斯干部班、张家口干部班、东北绥化干部班、中国人寿保险青年干部班、中国财寿保险青年干部班上过课。此外，还跟着郑学益教授去江苏森达、青岛海尔等知名企业上课、调研，去山东莱芜、青岛即墨给党政干部上课、考察。当时晏智杰教授任主任、丁国香教授任副主任、郑学益教授任秘书长的北大市场经济研究中心与天九集团有合作，我还跟着丁国香教授、郑学益教授多次去广西南宁、桂林，给来自全国包括政界、企业界在内的各界人士上课，并第一次踏出国门去越南考察。1997年，共青团中央青工部举办"振兴千家中小企业"活动，我作为特邀专家先后去江苏徐州的维维集团、维爽集团，江阴的三毛集团，以及沈阳、延边、长春的多家企业进行调查，并在《改革》《经济管理》等知名刊物发表调研报告。由于有上述经历，我自感读博期间的眼界比一般的博士生要开阔得多，这要特别感谢北大经济学院提供的平台，感谢郑学益教授、晏智杰教授、丁国香教授、朱正直教授，以及顾琳娣老师、杨贵荷老师、李大庆老师等诸多老师的大力支持。

1999年秋天开始，我担任北京大学企业家特训班、现代经理人培训班的主讲教师，教授《营销学》《企业家学》两门课程，得到学员的高度认同，如此一来，接触企业的机会更多了，这样就引起了山东教育电视台的关注。当时《名家论坛》栏目的制片人侯纲先生、周雨佳先生多次来京跟我商谈将我在北大的讲课搬上电视的事宜。他们说，学员对我的课程反应强烈，这么好的课程不能仅仅停留在校园，还应依靠影响力巨大的电视传媒的力量走向社会，推动中国企业和社会的进步。正是由于他们的信任，我才将在北大讲授的课程逐一搬上了电视课堂。先是于2003年春天开始录制《企业变革》，其后一发不可收拾，又分别录制了《营销哲学》《营销管理》《儒墨道法与现代管理》。如此算来，我在北大企业家特训班、现代经理人培训班讲授的课程，除了《成败晋商》外，全部搬上了电视课堂。

我很感激山东教育电视台给我如此宝贵的传播平台，使我的学术成果能够迅速地在社会上推广。事实上，正是借助山东教育电视台的广阔平台，全国关注我、熟悉我的人更多了，以至于有一段时间去饭店吃饭，经常有人过来敬酒，说在电视上见过我，很喜欢我的讲课，我的单由他结了。走在路上被人拦住打招呼、拍照的就更多了。在机场候机时，还有过拿着经济舱的票却被请入头等舱休息室休息的经历，因为机场工作人员听过我的电视讲课。

然而讲课终究是一阵风，要长久地被人们记住，还得著书。为此，不少出版社找过我，但那几年的注意力主要放在提教授职称上，顾不得整理书稿，这样自然就耽搁下了。其实，2004年、2005年的时候，我的妹夫于洪波先生就整理过我的书稿。当时，他刚刚进入培训业，各方面都还不熟悉，我就让他先听我的讲座，并在此基础上进一步整理，变口头语为较规范的书面语，而这本身就是个学习的过程。为此他听了很多遍，做了非常认真的整理。当然，他从听讲中取得的进步也很大，他后来还在北大昌平校区教授《营销学》《项目管理》等，他最初的学习教科书，某种程度上就是我的讲座。目前，他被很多人认为是培训行业项目管理教学领域的第一人，我很欣慰，既为他的进步而高兴，也为自己能在他前进的道路上出过一臂之力而骄傲。

2014年秋天，知识产权出版社的杨晓红女士与我联系，希望出版《营销哲学》。这之前她在电视上看过我的讲座，感觉受益很大。我与她通电话时，得知她是山东人，亲切感顿生。等见面细聊时，自然而然就谈到了出系列丛书的事情，杨女士一口应承下来，这样就有了这套丛书的出版。

2015年春节期间，我开始整理文稿，发现：第一，于洪波先生已经整理得非常好了，我只是将个别错误改正过来就是。第二，对我来说，修改的过程也是温故知新、进一步加深理解的过程。

在此，我要特别感谢山东教育电视台《名家论坛》栏目制片人侯纲先生，感谢文稿整理人于洪波先生，感谢该书的责任编辑杨晓红女士。正是有了他们的支持，才有了这套书的问世。同时，我还要特别感谢我的家人，正是他们的支持，才让我全身心地投入工作，才有了工作中的一点小成就。俗话讲，学无止境。新的社会实践总是不断产生新的问题，逼着我们进行新的思考。这套丛书，尽管有了较长时间的准备，也经受了差不多二十年的社会实践的检验，但肯定还有许多无法涉及的或者不完整的地方，这只能留待今后的研究工作进一步深入了。希望这套丛书能给各行各业的管理者带来特别的收获和惊喜。

周建波

2015.3.15

目 录 CONTENTS

第 一 讲
人性与营销

营销从表面上看，是产品和货币的交换。但从本质来看呢？是人和人之间社会关系的总和。产品是为人服务的，是在竞争当中，力争比竞争对手干得更好，以便让消费者接受。毛泽东在战争年代曾经说过一句话：一切为了群众，一切依靠群众，一切发动群众。所谓发动群众不就是开发市场吗？市场的主体是大众，发动群众的过程就是开发市场的过程。而要成功地发动群众，就必须为了群众，让群众满意。只有群众满意了，才能依靠老客户开发新客户，因此，归根到底还是人的因素。

企业要生存、要发展，必须满足顾客的需求。而要满足顾客的需求，首先要满足员工的需求，不能满足员工的需求，凭什么让员工去满足外界的需求？同时，你还得满足供应商、经销商、金融机构、新闻媒体、政府、公众等合作伙伴或战略同盟的需求。

那么竞争者呢? 也要发动他的员工和战略同盟来满足顾客的需求。因此, 与其说企业自己跟竞争对手展开竞争, 还不如说企业带着一个统一战线, 或者战略同盟来跟另一个企业的统一战线, 或者战略同盟展开竞争, 看谁更能满足顾客的需求。

因此, 大家要透过营销表面上的产品与货币的交换来把握其背后的人和人之间的社会关系。营销就是研究人、分析人, 看谁更能满足消费者的需要, 更能赢得消费者的信赖。具体来说, 一是研究人的需求及其变化, 探讨如何更好地满足消费者的需求。二是研究社会成员地位的变化及其对营销工作的影响, 琢磨如何通过对决策人施加影响, 从而成功地销售我们的产品。三是研究竞争者在满足消费者需求方面的优点和弱点, 力求比竞争对手更好地满足消费者的需求。

要研究人, 就必须从人的本能开始, 循序渐进, 最终到达我们所需要的理想状态。什么是人的先天的本能? 就是打从娘胎里出来、先天就具有的东西。你只有顺应人的本能状态, 才能达到我们所需要的理想状态, 即符合事物法则的合乎规律的状态。能不能将员工调整到这个状态? 能不能将中层干部调动到这个状态? 能不能将你的合作伙伴调动到这个状态? 能不能将消费者调动到这个状态? 这些对企业的经营者来说都非常重要。

第一节　人的本能有哪些

人的本能就是打从娘胎里出来、先天就具有的、发自本能的那个状态。人的本能有哪些呢? 我大致总结了以下几个方面。

1. 人得意就忘形, 失意就沮丧

大家看, 这个图就是一个典型的人生、社会、各生命有机体运动的变化图。

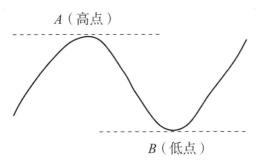

人生（社会）曲线图

大家看社会的发展是不是螺旋式地上升？换句话说，是不是一条波动曲线的形状？从一个横断面来讲，曲线到了高点会下降，到了低点会崛起，这是大自然的运动规律。但是作为人的本能来讲呢？恰恰不是这样，而是得意忘形，失意沮丧。到了高点，大自然的规律是应该向下走了，而人的感觉还是向上走。到低点了，大自然的规律应该是反弹了，但是人的本能呢？还是在向下走，对前途失去信心。这个本能状态是人人都存在的，只不过程度有所不同而已。顾客是这样，经销商也是这样，员工也是这样，做领导的也是这样。正因为人的本能是得意忘形，失意沮丧，因此才出现了人的修养问题。

人的修养是什么？居安思危，居暗思明。到了顶点的时候要想到会走下坡路，从而警惕自己。到了低点呢，要想到会反弹，所谓"冬天到了，春天还会远吗""大难不死必有后福"，讲的就是这个意思。因此，不仅要讲居安思危，还要讲居暗思明。正因为人有这个天性，所以企业要不断引导员工、顾客和经销商，到顶点的时候想到要走下坡路了，教育他们谨慎、谨慎、再谨慎；到低点的时候呢，要鼓励他们向上、向上、再向上。士气不能太高，太高了要爆炸的，士气也不能太低，太低要泄气的。所以，要把士气调到最能发挥效率的状态。在我看来，人和人的差别不在直道上，而在弯路上，最高的这个点决定你能不能回避危险，最低的这个点决定你能不能把握成功的机遇。历史上的成功人物，包括封建地主，都是在低点的时候崛起或扩张的。所以我觉得，人生要把这两个点抓住了，就差不到哪里去，这就叫坚持两点论,反对一点论,换言之,要"居安思危,居暗思明",而不要"得意忘形,失意沮丧"。

2. 爱屋及乌,恨屋及乌

当对一个人有好感时,别人说他的坏话轻易不信,当对一个人有恶感时,别人说他的好话轻易不信,所谓"老子英雄儿好汉""老子狗熊儿混蛋",讲的就是这个意思。如前所述,当对一个人有好感时,别人说他的坏话轻易不信,但是,一旦信了就会以加速度的加速度向反方向进行。这说明了什么?爱到深处也是恨,恨到深处也是爱,爱有多深,恨有多深,最爱的人能变成最恨的人,最恨的人也能变成最爱的人。

人的这一天性,告诫企业,对外一定要千方百计地创造消费者心目中的品牌,对内一定要千方百计地创造员工心目中的权威,即千方百计地把人们引导到爱屋及乌的境界上去,千万别引导到恨屋及乌的境界上去。在我看来,品牌和权威说到底是一回事,其目的都是节省人们购买时的判断选择成本。如何创造消费者心目中响当当的品牌呢?只有不断给顾客利益,随着顾客对你的好感不断增加,一旦达到爱屋及乌境界的时候,你便成了他心目中的品牌。如何创造员工心目中的权威呢?只有不断地带领员工从胜利走向胜利,随着他们对你拥护的不断增加,一旦达到爱屋及乌境界的时候,你便成了他们心目中的权威。当然,即使人们相信你了,你也必须谨慎,因为到了高点就有向对立面转化的趋势,应力求在高点多维持一段时间。所以,我们的企业或产品一旦成了名牌,就是有点问题,人们也轻易不信,但是一旦信了就对你以加速度的加速度向反方向进行,这就叫"名人犯错误的代价高"。

普通人拼命想做名人,因为做了名人好办事。但一旦做了名人,苦恼也很多,这就需要人们能够正确地认识。当然了,一方面我们要顺应员工、顾客、经销商的这个特点,尽可能把他们引导到爱屋及乌的境界上去,成为他们心目中的权威或品牌。另一方面牢记物极必反的道理，即使成为名牌，成为权威，也要保持清醒的头脑，"名人犯错误代价高"啊！另外，人一旦对某人或某品牌的信任到了爱屋及乌的境界的时候，自己就不思考问题了，他们觉得我想得再好，也不如你想得好，那我干脆就不想了，这种想法很危险，老虎还有打盹的时候，大家都不想了，让领导一个人想，万一他犯个错误，那就是不得了的错误。

3. 人经常是不撞南墙不回头

这还是那条曲线在起作用。不撞南墙（不达极点）还要一直走下去。这意味着什么？教育员工，教育经销商，教育顾客，教育中层干部的时候，一定要有耐心。有的人，你不让他犯点错误，你不让他吃点苦头，他还不会觉悟，这就叫前进的代价，成长的代价。你不让他犯错误，就意味着你不让他成长，这也算得上领导的艺术吧。

4. 人追求富贵，讨厌贫贱

这句话不是我讲的，是伟大的中华民族的孔圣人讲的。他老人家讲，人这一生忙来忙去为了什么？就为了两个字：富贵。原话是："富与贵，人之所欲也""贫与贱，人之所恶也。"（《论语·里仁》）

员工为什么跟着你？那是因为员工跟着你付出的与得到的相比，比自己干、比跟着别人干更合算，他才愿意跟着你。员工为什么会跳槽？预期跟着别人干，得到的与付出的相比，比自己干，比跟着你干更好，他就会跳槽。

员工是这样，顾客也是这样。昨天是我的顾客，今天就跑到别人那里去了。经销商也是这样。你应该怎么办？首先，你应该顺应他的特点，让他得到更大的富贵。其次，还要教育他。你的教育能改变他的预期，影响他对得与失的判断。广告宣传的本质就是教育，教育消费者明白产品的价值，降低他们购买的后顾之忧；教育员工明白干一件事情的意义，教育他们如何对待委屈和不公正。

5. 人对利益最大化追求的表达方式是: 预期收益和预期成本的比较

这意味着你想让人们购买你的产品, 你就必须改变他的预期收益和预期成本的结构。你想提高员工的工作积极性, 你想让经销商心甘情愿地追随你, 你也必须改变他的预期收益与预期成本的结构。具体来说, 就是提高他购买你产品的预期成本。好的思想政治工作者, 就得在这两方面下功夫。为什么降价起作用? 收益不变, 价格降低, 得到了更大的富贵。为什么广告起作用? 广告提高了顾客对预期收益的理解。

6. 人认识事物, 由近到远, 由浅到深

这意味着企业必须用员工能够理解的语言, 来跟员工讲道理。用员工能够理解得了的事情做宣传。对合作伙伴也是如此, 要让他们得到看得见、摸得着的实惠。

7. 人是贪小利的

因为人追求富贵, 还有认识事物由近及远的天性, 意味着人经常看到眼前的利益。这告诫企业首先要顺应人的这个特点, 给人们能看得见、摸得着的利益。现在很多企业都说: "免费来品尝一下我××产品", 这不就是顺应人们的这个特点吗? 同时, 还要不断地做广告宣传, 不断地进行教育, 提高人们对未来预期收益的理解, 改变顾客对产品的评价。大家可以看到, 你要是三个月不讲法治, 不讲道德, 不加强思想政治教育, 你的员工肯定要犯错误, 一旦员工犯了错误, 大家都很痛苦, 这就是基督教、伊斯兰教规定, 信徒每个周要去一次教堂、清真寺接受教育的原因, 目的是让他们在面对世俗生活的诱惑时, 能够出污泥而不染, 同流而不合污。

8. 人是介于神和兽之间的一种高级动物

这意味着人会变好, 人人皆可以为尧舜; 也意味着人如果不好, 他比野兽还要坏。所以, 企业要加强文化建设, 把人往人性光辉的地方引导。同时, 加强制度建设, 防止人犯错误。人既要有经济的承受力, 又需要心理的承受力。这说明什么呢?

人和人之间的合作说到底是个交换，而交换就得有交换价格，价格高了买不起；价格低了呢，害怕！企业应当跟员工，跟各方面交换，你不了解这一点，你就制定不出合理的交换价格。孔夫子讲"君子喻于义，小人喻于利"（《论语·里仁》），君子，代表干部、知识分子这些人，追求长远利益，因此，对他们在满足物质利益的同时更多地应讲企业文化，讲思想政治工作。小人（这里无贬义），代表一般员工，更多地看眼前利益。因此，更多地用眼前的利益来满足他，在此基础上再强化道德伦理教育。这就叫分层次管理。对经销商也如此，大经销商看长远利益，小经销商看眼前利益，你满足他们的方式就应该不同。

孔夫子还讲："君子有勇无义而为乱，小人有勇无义而为盗"（《论语·阳货》）。什么意思呢？干部、知识分子不满意分配现状，又不知道什么应该做，什么不应该做，那就会犯错误，犯以权谋私的错误。工人和老百姓不满意分配的现状，又不知道什么该干，什么不该干，那就会犯偷盗、蛮横、坑蒙拐骗的错误。这两者之间，谁的错误更厉害？干部的错误更厉害！因此更应该加强对谁的教育？应该加强对知识分子、干部、大客户的教育。

第二节 群体的决策特点

1. 群体是相互影响的

好事相互影响，坏事也相互影响，这意味着企业加强管理的重要性。管理的一项原则就是"树典型，抓两头，带中间"。树立好的典型，引导人们向好的方面学，打击不好的典型，防止人们向坏的方面去。

2. 互相攀比

待遇往高的攀，工作往轻松的攀。这意味着企业建立合理的分配制度的重要性，从而创造出先进更先进，后进赶先进的争先恐后的氛围。对员工，对营销人员内部，都要分出几个档次来，建立合理的分配制度。对于经销商，也要建立合理的分配制度,经销商之间也相互攀比啊。

3. 博弈

什么叫博弈?当做一个决策的时候,要想到对方会有一个什么样的反应,好的反应是什么?不好的反应是什么?如何防范?当然,你这样想,对方也这样想。社会的各个方面都是一个博弈。现在分析一下企业和顾客的博弈关系。

企业为什么开发新产品?因为新产品价格高,利润大。消费者对产品的信息了解不多,在双方的博弈当中,企业占了上方。为什么老产品价格低呢?因为消费者越来越了解相关信息了,在讨价还价当中,消费者占了上风。

企业怎么跟消费者博弈呢?就是不断开发新产品。新产品可以带来垄断利润,以后当顾客对产品的信息了解多了,价格低了,再开发新的,就这样循环往复,最终达到长期的平衡。企业和竞争者也是在博弈,我要降价,我要估计到竞争者的反应是什么,要尽量使降价建立在竞争者来不及做应对的反应,或有了反应也起不了什么作用的基础上。企业和员工也是这个关系啊!一方面要让员工知道某些信息,另一方面又不能让他知道其他的信息,知道多了会泄密啊。同样,员工的决策也要顾及上级的反应。

第三节　如何建立组织信任

1. 信任是什么

信任是社会成员之间彼此是否在某些方面值得交换的预期。你要我买你的产品,我首先考虑你是否值得我买。假如你是一个卖产品的人,我没有钱,你愿意跟我交换吗?这就牵扯到一个信任问题。

2. 信任是怎么确立的

信任是预期收益与预期成本比较的结果。我要把东西卖给你,就要有一个预期的利益,要计算卖给你所付出的成本和得到的收益相比,能不能符合我的预期利润的标准。符合了,你就值得信任,不符合就不值得信任,既然不信任,我就不愿意跟你交换。

影响预期收益和预期成本的最重要的因素是什么呢?是信息。我为了让你信任我,我要做广告、做宣传,向你展示我最好的一面。你为了得到我的信任,或者是想当我的经销商,也要向我发布信息,如有多大的资产、欢迎你来参观等。信息有真的信息,有假的信息,有时故意抛出假的信息,得到对方真的信息。

3. 如何赢得他人的信任

(1)基于特征的信任。很多企业为了让别人相信它,打出"免费试用"的招牌。我敢打出这一招来,就比不敢打的更能得到别人的信任。

(2)基于制度的信任。你看我有ISO 9000认证,有绿色环保认证证书,有"免检"标志,是国家给的,有和没有不一样吧?

(3)基于信誉的信任。他是名人,他是名企业,他犯错误的代价高,他不敢轻易犯错误,所以名人、名企业更容易得到人们的信任。

4. 初步得到别人的信任并不难,但要想长期得到别人的信任,还要在三个方面努力

(1)感情机制。企业的高、中、低三个层次的干部要互相交流,要增强聚会的机会,就像基督教徒、穆斯林定期去教堂、清真寺参加礼拜一样。一是加深了感情,日久生情嘛!而熟人犯错误代价高,以此提高了感情的背叛成本。二是彼此通过聚会的交流了解了对方,把握了对方:他的能力多大?他的品德如何?他值得我信任多长时间?"知己知彼,百战不殆",为更好地加强合作奠定基础。

(2)法律机制。制定严厉而合理的合同,把未来能想到的问题尽可能地想清楚,让对方想到:"我可能犯的错误他都想到了,我哪还敢犯错误呢?"

(3)信誉机制。越是名人越不敢犯错误,越长期的交易越不敢犯错误,因为犯错误的代价太高,一旦损失信誉,就一损俱损了。

　　但是，我们也应该清醒地看到，上述三种机制都有其弱点。

　　感情是不完全可信的，因为每一份感情都对应着一定的成本。财产大了，固然背叛你的感情成本高了，但是假若背叛的利益更高，就也值得背叛。皇帝家族为什么闹矛盾？民营企业发展大了家庭为什么闹矛盾？都是这个原因。法律也不是完全可靠的，因为未来是不确定的，你没有能力想到未来那么多的信息。此外，还有有法不依、执法不严的问题。信誉也不那么可靠。讲信誉，必须具备两个条件：一是你有讲信誉的愿望；二是有讲信誉的能力。我讲信誉而身边的人都不讲信誉，那么会影响我的利益吧！如果谁讲信誉谁亏本那谁还讲信誉？

　　因此在我看来，企业就是在经营信息，从事的工作就是信息收集、信息整理、信息传递、信息保存。只有经营好信息，才能取得顾客和同盟的信任，才能最大限度地防范风险，企业才能做到一种长治的久安。

课程回顾

一、人的本能有哪些

1. 得意就忘形，失意就沮丧。

2. 爱屋及乌，恨屋及乌。

3. 不撞南墙不回头。

4. 追求富贵，讨厌贫贱。

5. 人对利益最大化追求的表达方式是：预期收益与预期成本的比较。

6. 人认识事物都是由近及远，由浅及深。

7. 人贪小利。

8. 人是介于神与兽之间的一种高级动物。

二、群体的决策特点

1. 相互影响。

2. 相互攀比。

3. 相互博弈。

三、组织信任

1. 信任是社会成员之间彼此对他人是否在某些方面值得交换或合作的预期。

2. 信任的确立：预期收益和预期成本的比较。影响预期收益和预期成本最重要的因素是信息。

3. 组织如何才能赢得信任：基于特征的信任，基于制度的信任，基于信誉的信任。

4. 组织如何持续地赢得他人的信任：感情机制、法律机制、信誉机制。但这三种机制又不是完全可信的。

第二讲
中国人的性格
特征与市场营销
（一）

本讲主要内容

一、在人与自然的关系上，中国人敬天但不畏天

二、在人与人的关系上，中国人崇尚权威但追求自由，对人严但对己宽

前面讲过，营销表面上看是产品跟货币的关系，就本质来讲是人和人之间的社会关系，因此要研究人，要研究人群，要研究群体需求的变化和发展规律。用毛泽东的话讲就是走群众路线，一切依靠群众，一切为了群众，一切发动群众。但毛泽东又讲了一句话，在革命战争年代，要取得战争的胜利，必须了解革命战争的规律，必须了解中国革命战争的规律，必须了解中国无产阶级革命战争的规律。所以，仅仅学了营销学的基本理论还不够，还要将它跟中国的实际情况相结合。所谓中国的实际情况，更多地是指中国人的思维、中国人的性格特征，尤其要研究中国的人文环境、地理环境造就了中国人什么样的性格特征。

人的性格特征是什么？是人在改造大自然的过程中，使自己的行为和环境的一种协调。说到底是人认识世界、改造世界的产物。人的性格特征在我看来无所谓好坏，它是跟环境相协调的产物，中国人的性格特征就是中国人跟中国土地

的环境相协调的产物。现在很多人怨天尤人,其实,怨天尤人的基本态度就是不对的。你生长在这块土地上,就必须适应这块土地,了解这块土地,然后才能改造这块土地。

第一节 在人与自然之间的关系上的性格特征

在人和自然的关系认识上,中国人敬天但不畏天。什么意思呢?中国人崇敬上天,但绝不怕天。天、地、人,人为大。这个性格特征对中国人影响很大,对中国人的企业经营影响也很大。

(一)中国人为什么敬天?其具体表现以及对企业经营产生哪些影响

1.中国人为什么敬天

原因很简单,中国五千年文明的绝大部分时间是在搞农业经济。农业经济什么特点?靠天吃饭。风调雨顺,哪怕你是个懒汉,也能得到丰硕的果实;风不调雨不顺,你再勤快照样是颗粒无收,直到今天农业对大自然的依赖还相当大,还是靠天吃饭,靠天就得敬天。

2.敬天的表现是什么

(1)泛神崇拜。具体表现就是:对大自然的生命力长久的事物,中国人都崇拜。在这一点上,我们跟西方不一样,西方就信一个上帝,而我们中国什么都信,比如,信观音菩萨、信大槐树、信大石头,凡是生命力长久的都信。在外国人看来不可思议,中国人能信得过来吗?但我们就能信得过来。要钱了,找财神爷,要生孩子了找观音菩萨,要干什么我们总有一个具体的对象,他们之间的矛盾我们不去管,我们各取所需,这在西方人来看是不可能的,他们认为爱就只能爱一个,爱到根子上去,爱得彻底。

（2）强调禁忌。由于敬天、信天，就导致了各种禁忌的存在。

①数字忌讳。你看汽车号码，叫什么888的就好卖。叫什么1494的就不好卖。出门讲求3、6、9，办喜事讲求6和8。

②语言忌讳。在中国某些地区，有些话不能讲。比如在海边的渔民宴席上，你就不能说："把这条鱼翻过来。"要说"划过来"。因为渔民最忌讳翻船。所以说，跟老百姓打交道，向老百姓打广告做宣传，必须了解老百姓的禁忌是什么，万一说错了，犯了禁忌，马上就到了恨屋及乌的境界上去，再好的东西也卖不出去。

③风水。房地产的销售与风水很有关系，老百姓信这个。房地产公司的人如果不懂一点风水，就没法给老百姓做工作。

3. 敬天对现代企业经营的影响

（1）数字影响。我在北京华清嘉园居住。这个小区的房子没有13层，没有14层，从12层直接跳到15层。为什么呢？因为受西方文化的影响忌讳13，14带着一个"死"字，干脆不要13、14，直接从12跳到15。这是迷信吗？这不是迷信。作为企业来讲这叫与民同乐，这叫心连心，这叫满足群众的需求。

（2）风水影响。我的一个朋友在北京要买一栋房子，结果一个风水大师给他指点，说他这个房子依山傍水。但是，阴气太重，旺财不旺人。因为房子在水南边。中国人强调阴阳，水的北边为阳，水的南边为阴，他在水的南边阴气太重。他一听感觉到心情不好，160万的房子定金都交了，最后还是退了。这话说出去不影响楼盘的销售吗？

他给我讲了这事。我告诉他，过去生活不发达，对自然的依赖大，我们住水的南边，万一洪水来了，那不安全。现在呢？人们改造自然的能力增强了，犯得着考虑这些吗？再者，过去不得志的隐士住在山水之间，远离统治中心，现在城市发达，道路畅通，离山和水越来越近了，已经超出统治中心了，你还讲什么旺财不旺人？我给他一说他听明白了，但是他讲给他的家人听还是比较难。

企业家是不是也信这一点啊！有的企业家卖不出产品了，就把工厂大门改变改变，起不起作用是一码事，至少说明他信奉，有心理安慰的功能。这就是我们中国人啊！他既然信，你就得研究啊！在这个基础上改造他，教育他。在这方面，我觉得伟大的领袖毛泽东非常值得我们学习。早在长征期间，毛泽东就注意研究宗教。张闻天问他，你怎么还看这个书啊？毛泽东说中国的老百姓强烈地受到宗教的影响，你不懂得宗教，不懂得老百姓的爱好和禁忌，就没办法给老百姓做工作。搞企业也是一样啊，保险公司碰到的人那么多，如果你知道别人爱听什么不爱听什么，从而早做准备，是不是卖得更好啊！

（二）中国人不畏天的原因、表现以及对企业经营的影响

1. 中国人为什么不怕天

这与中国人改造自然的智慧有关，更与春秋战国时期的思想解放运动有关。春秋战国之前，中国人对大自然的依赖程度相当大，还有算卦、占卜之学，及至春秋战国，人们对大自然的认识更深入了，这个时候开始强调"天地人，人为大""天和地"要为人服务！强烈地突出了人的作用。

中国人称领袖叫"王"，"王"是怎么写的？天道地道人道，一线贯穿，这才叫王。懂得环境的变化，懂得人的变化，利用环境的变化为需求变化的人民服务的人，才叫领袖。企业家也是领袖，应该不断充实自己、提高自己。

2. 中国人不怕天的表现

（1）天地人，人为大，天和地要为人服务。人类可以征服大自然，"后羿射日""大禹治水"的故事和传说，都反映了人不畏天的思想。

（2）"天地人，人为大"的思想导致了中国人对各种宗教都有实用主义的态度。合乎我心理的就信，不合乎我心理的就不信，所以我们中国对宗教没有一种强烈的虔诚感。"平时不烧香，临时抱佛脚""放下屠刀，立地成佛"，谁要是有事了那就祷告，各路神仙都来帮我，一旦许愿成功了，就忘了还愿。这就是实用主义的态度，这与西方不一样。

3. 人不畏天的思想对企业经营的影响

（1）管理困难。中国人智慧很高，打破了天和地的限制。一旦中国人向一个正确的方向努力，那就不得了。但同时呢，中国人打破了天和地的限制，也意味着没有一个最后的制约，因此中国人一旦犯起错误来，错误频率和错误程度也是不得了的。西方人不会，西方有个上帝，人人都要匍匐在上帝之下，受到天和地的约束，上帝是无处不在的，要向上帝忏悔，因此，他害怕犯错误。

中国人不畏天的性格特征，导致了企业经营中的管理困难。管理员工困难，管理营销人员则更难。为什么呢？当他没有一个明确的价值观指挥的时候，一旦有了犯错误的机会，他就要犯错误。因此，中国的劳动力价格便宜，当然现在也提高了，但是管理中国人的交易成本特别高。中国人的自律能力相对差一些。

（2）顾客这个"上帝"犯错误的现象比比皆是。经销商犯错误，客户也经常犯错误。为什么呢？他们也没有一个约束呀！没有约束那就看眼前利益，一旦有了犯错误的机会，那就是不犯白不犯，犯了也白犯。如果不了解中国人的这个特征，只抱怨是没有用的，你首先要理解他，在理解他的基础上，适应他，改造他。

第二节 在人与人之间的关系上的性格特点

（一）性格特点

1. 崇尚权威，追求自由

在人和人的关系上，美国搞的是个人主义，强烈追求自由的化身；而日本则是高度的集体主义，崇尚权威；比如，在日本上级打下级，下级还哈依哈依的，中国人绝对不会。中国人是介于二者之间，强调家族主义，崇尚权威，但追求自由，这个特点导致了管理的困难。中国人管严了不行，因为追求自由，会引起"反压迫""反剥削"。没人管不行，因为需要权威。中国人最希望有一个伟大的领导者引导我们前进。所以，在中国，就要"强化权威"和"追求自由"相结合，所以说，"管理是艺术"。

2. "对人严，对己宽"

中国人对自己自由主义，对别人马列主义，对别人挑剔，对自己宽容，导致人和人之间的矛盾摩擦多，脱岗越岗不到位的现象多。从另一角度又加大了管理的难度。矛盾摩擦多了，自然忠诚度就低。在西方，有的家庭几辈子、几代人都买一个公司的产品，在中国能做到吗？很难做到。

（二）崇尚权威对企业经营的影响

1. 对竞争的影响

容易出现一窝蜂现象，趋向不正当竞争。比如做某事，自己没本事，就希望一个有本事的人先干，他不赚钱，我不干，他赚钱了，我马上干，然后是一窝蜂跟进，市场很快就饱和了。一旦饱和，生存就保证不了。孟子说，"有恒产者有恒心，无恒产者无恒心"（《孟子·滕文公上》），这也容易引发不正当竞争。

2. 对消费者的影响

（1）中国人在消费新产品上易趋向保守，崇尚权威。因为新产品总是有风险的，质量低，价格高，谁都不想先用。因此在中国要想推销一个新产品，是比较难的。想把你的产品，在前人没有做过的基础上发展出去，前期必须付出相当的艰苦和耐心。

（2）领袖的作用大。没人买的产品我绝不买，别人买了没问题我才买，有问题我不买。

（3）人际关系的作用大。人是相信身边人的，相信亲戚朋友的，因此作为复杂产品的销售，包括房地产、家庭装修、保险，特适合滚雪球的销售，依靠会员制，依靠人际关系网，目的是降低他购买的风险。在中国我认为名人做广告是合算的。（美国人用普通人做广告，因为美国人自立程度高。）为什么呢？相信权威，名人都用了，肯定不错，我们就这样想问题。因此美国很多普通人做的广告，原封不动地移到了中国就行不通。曾经步步高的前总裁段永平说了一句话：用名人做广告便宜。

3. 对员工信心的影响

老板要竭力通过自己的政绩，引导员工发自内心的追随。我见过一些企业，老板往往出身于普通家庭，到广东去创业，说自己几代都经商，是商业世家，几代人都做老板。这要向人们表达一种什么信息？说明我的很多经商知识不是学来的，是先天继承来的，我祖上都很发达，我能差吗？目的就是提高员工信心。说到底，还是利用这个心理提高员工的信心。

4. 对经销商管理的影响

经销商之间经常闹矛盾，经销商和企业之间也经常闹矛盾，为什么？很简单，就因为没有一个权威在协调。企业和经销商之间是说服关系，不是权威的命令关系。因此你如何协调他们之间的矛盾？只能强化权威的作用。随着企业竞争的激烈，企业和经销商也在发生着变化，有的可以成立股份制有限公司，由一个统一的权威来支配。有的可以成立联合委员会，即企业和你的地区的经销商之间建立联合委员会，靠委员会来协调。还有的企业呢，它的力量最强，它说话管用，大家听它的，这也是权威的作用。

（三）追求自由对市场营销的影响

1. 追求自由对员工的影响

营销人员经常犯错误。

营销人员好比企业的军队，假若这支军队有主义，有原则，就是人民军队，假若这支军队没有主义，没有原则，连土匪还不如，因此要加强营销人员的教育。

2. 对经销商的影响

经销商依靠制度不健全犯错误。

如, 串货了, 价格冲底了, 欠款不还了, 不守合同了, 等等。

3. 对顾客的影响

忠诚度差, 顾客背离的频率高。

(四)崇尚权威和追求自由的结合对市场营销的影响

1. 对营销人员心理的影响

既需要权威, 又反对权威; 没有权威不行, 权威太大了不行; 没有人管不行, 管严了也不行。换句话说是什么呢? 过严的法家不行, 过柔的道家也不行, 只有刚柔相济、宽严结合的儒家最适合中国。这就是为什么儒家在儒墨道法当中成为中国主流的统治思想的根本原因所在。它最适合中国人的特点, 企业领导应强调工作方法, 强调工作艺术。

2. 对营销人员的激励制度的影响

固定工资和变动工资的结合。固定工资讲的是安全感, 变动工资讲的是成就感, 没有安全感不行, 没有成就感更不行, 因此企业的营销人员的工资是固定与变动两个部分的协调。随着经济的发达, 人们的安全感越来越得到保证, 就应该越发强调变化性, 强调他的成就感。

3. 对营销经理的影响

儒家式的威严和柔情相结合, 威严是表, 柔情是里。从爱他的角度出发, 教育他, 批评他, 某些情况下, 还得严厉地处分他。威严是个表面, 爱才是最根本的。

我讲一个小例子。20世纪90年代的时候, 当时的日本松下公司来中国和海尔合资, 松下说要用日本的管理, 海尔老总张瑞敏说不行, 在中国得用我的管理。松下说我的管理全世界有名, 为什么得用你的管理呢? 海尔老总说, 我用语言也说服不了你, 我们用实践来说服吧! 下班以后松下的中国老总跟着张瑞敏来到十字路口。张瑞敏说, 你看中国人前赴后继, 闯红灯的现象比比皆是, 连死都不怕, 还在乎你的管理啊。所以，你的办法不灵，得用我的，我的方法最适合中国，最适合中国人。因此，张瑞敏的管理体会最深的是：日本的团队精神+美国的创新精神+中国传统的管理哲学=中国式管理。

这两者的矛盾怎么协调？用中华民族的中庸之道来协调，用中国传统的管理哲学来协调。中国人不就是崇尚权威追求自由吗？

咱就以管孩子来讲，西方人很少打孩子，但是他照样把孩子培养成人了。为什么呢？西方强调劳动，从小就教育孩子劳动，在劳动当中，在实践当中培养他做人。中国人强烈地爱孩子，舍不得让孩子干活，孩子就得不到教育和培养，肯定有很多坏毛病，有了毛病怎么办呢？教育、培养他，用长远利益克服他眼前利益的短视。教育不通怎么办？只有动用权威。中国古代有"棍棒之下出孝子"的说法，不是没有道理的。当然了，使用棍棒的力度大小有所不同，关键是促进孩子的成长。因此，适合国情的中国式管理、中国式营销，才是我们的追求。

课程回顾

一、中国人性格之一：在人与自然的关系上，敬天但不畏天

（一）"敬天"对现代企业经营的影响

1. 数字影响。

2. 风水影响。

（二）"不畏天"对现代企业经营的影响

1. 管理困难。

2. 上帝犯错误现象比比皆是。

二、中国人性格之二：在人与人的关系上，崇尚权威，追求自由，对己宽，对人严

（一）"崇尚权威"对企业经营的影响

1. 对竞争的影响：一窝蜂，不正当竞争。

2. 对消费者的影响：消费新产品保守，领袖作用大，人际关系作用大。

3. 对员工信心的影响：树立典型作用，领导人人格魅力，老板家庭出身的影响。

4. 对经销商的影响：股份公司，管理委员会，领袖企业。

（二）"追求自由"对企业经营的影响

1. 对内部员工的影响：如营销人员犯错误。

2. 对经销商的影响：串货、价格冲底、欠款、不守合同等。

3. 对顾客的影响：忠诚度差，背离程度高。

（三）"对己宽，对人严"对企业经营的影响：矛盾、摩擦增多，脱岗越岗现象严重。

（四）"崇尚权威"与"追求自由"相结合对企业经营的影响：

1. 对营销人员心理的影响：刚柔并济。

2. 对营销人员薪酬的影响：固定＋变动。

3. 对营销经理的要求：威严与柔情相结合，威严是表，柔情是里。

第 三 讲 中国人的性格 特征与市场营销（二）

本讲主要内容

一、地理环境对中国人性格形成的影响

二、社会经济发展水平对中国人性格的影响

三、如何管理中国人

中国有着五千年文明，很早就形成了大组织的国家。西方跨国公司很注意研究中国，他们搞不懂，在没有大哥大（对初期手机笨、重、大的形象化说法），没有BP机，没有飞机大炮的情况下，中国人怎么形成了这么庞大的国家？这么大的国家管理成本多高啊！中国人怎么管得很好啊？那说明肯定有自己的管理哲学。中国当时的国土面积比现在要大得多，原苏联巴尔喀什湖以东、以南都是中国的地盘，浩浩荡荡，繁荣辉煌！因此现在叫中华民族伟大的复兴，为什么不叫中华民族的崛起呢？因为我们历史上繁荣过，后来衰退了，现在又开始回升了，所以叫伟大的复兴。要管理中国人，还得研究、借鉴历史上成功的管理经验，然后在新的基础上和时代相结合。

我们经常讲创新，创新是在继承的基础上进行的，起码90%是在继承，能有10%的新东西已经非常不简单了。有句话说"天下文章一大抄，就看会抄不会抄"，这说明文章大部分成果都是继承别人的，但在继承的基础上就某一个新问题，发表自己新的见解，加以协调，加以组织，就变成你的了。我写博士论文的时候参考了两百多本书，那篇博士论文还得到北京市科研著作的二等奖，北京大学科研著作二等奖，那就是在继承的基础上，加以创新的结果。

第一节　地理环境对中国人性格形成的影响

在人和人之间的关系上，美国人是高度的个人主义，日本人是高度的国家主义，中国人是介于二者之间的家族主义。为什么会形成这种各自不同的民族特征呢？我认为首先是地理环境的影响。

1. 日本崇尚国家主义

日本这个民族生存在什么地方？孤悬海外、多地震、多海难，缺乏资源。一旦地震、海难来了，家庭能保全吗？显然不可能。只有依靠更大的力量，那就是国家的力量才能够保护你。因此，日本人对国家有一种强烈的向心力。他把那份权利交给了强大的集体，虽然集体批评他，集体骂他，甚至打他，但是他得到的比付出的更多，还是合算吧。

2. 美国是高度的个人主义

美国的地理环境，东西两边都是大洋，南北两边是相对柔弱的，对它构不成威胁的墨西哥、加拿大，可以说，美国地理位置优越，具有天然屏障。另外，美国是在工业革命前后建国的，当时的技术已经成熟了，来自欧洲的一批具有新思想、愿意冒险的人形成了一个新国家。他们是以个人的力量来到美国的，以个人的力量开发美国，对组织的依赖少，即使建立组织，也要以充分保证个人的自由为前提。比如说林肯家族，他们在60多年的时间内搬了十三次家。美国几千年的土地未开发，土地很肥沃，都用不着施肥，搞的是掠夺式经营，住上五六年土地肥力没有了，再搬家。所以说，美国特殊的开发背景造就了美国人崇尚个人、崇尚自由的性格特征。

3. 中国崇尚家族主义

中国的地理环境介于日本和美国之间，东部大海，西部高山，南部是对我们形不成威胁的一些国家和民族，只有北部强悍的游牧民族对我们发生威胁。中华民族地形的特点是西高东低，北高南低，长江、黄河横亘中国中南部，一旦水患来了，也需要集体的力量。这样的地理环境，不像日本那样，成天生活在危机的环境当中，也不像美国的环境那么好，因此我们形成了一种介于国家和个人之间的家族主义。过去有种说法：中国人不知有国，只知有家。危难之时，几个家族联合，共同抵抗；和平之际，仅靠单个家庭就能度日，这就是中国人的性格特征。

中国人在分配上有什么特点呢？论功行赏和论资排辈相结合。都说中国男尊女卑，那是正常状况下的传统，一旦到了动乱年代，那也不见得。穆桂英是女的吧，大宅门二奶奶是女的吧，谁能干谁就是英雄，那就得讲论功行赏。一旦和平年代到来的时候，功劳表现不出来了，那就当论苦劳了。你自身的苦劳表现不出来了，那就论祖上的苦劳吧。它背后不是没有道理，也是一个劳动价值论啊！

家族主义论资排辈和论功行赏相结合的优点是个人的创新精神和集体的规模经济相结合，有利于发挥个人的创新精神。

弱点是什么呢？首先是政策变化快，造成民众的短期效益观点，抓机遇的意识特别强。所谓"赶机会""一步赶不上，步步赶不上""过了这个村没有那个店"，都是这个意思。而过分的赶机会造成国人做事欠思虑，喜欢"一窝蜂"，反而造成更大的损失。其次，政策变化快，造成社会发展的过程中个人部分的利益经常受到损害，并由此造成饱的饱死，饿的饿死的现象，"不平"思想充斥在各社会阶层中。中国人为什么特喜欢老庄思想呢？老庄思想就是专门医疗人在不得意状态下的受伤的心灵。中国人普遍有阿Q精神胜利法，要是没这个早就活不下去了。再次，政策变化快，造成民众对上级政策经常抱有怀疑态度，致使上级的权威性受到挑战。不仅坏的政策不容易推广，就是好的政策也不容易推广。为什么？老百姓不敢相信你。所谓"上有政策，下有对策"是也。

由此我们可以分析以下问题：为什么中国文化特别强调诚信？以至于商鞅要

"立木为信",以至于民间崇尚"一诺千金",为什么特别强调最高权威的金口玉言?就因为政策变化大,论资排辈和论功行赏相结合。刚刚兴起论资排辈、尊重老人时,我可以让给你,因为明年就轮到我了。可是到了明年,又提拔年轻人,我就耽误了。到后年可能又照顾老年人,有的人是步步赶不上。在中国为什么特强调抓机遇?你像日本总是论资排辈也行,因为总有一天轮到我,你像美国论功行赏也行,谁能干是谁的,最怕的就是像中国这样政策老是变来变去。邓小平为什么特别强调政策的稳定性?"治大国如烹小鲜",根本的原因就在于让老百姓有一个稳定的预期。

第二节 社会经济发展水平对中国人的性格的影响

中国很长时间是小农经济。小农家庭的优点是劳动欲望高,因为夫妻都是家庭这个组织的大股东,加上其本身规模小所导致的协调成本低,自然是不需扬鞭自奋蹄,没白天没黑夜地干活了,这是全世界凡是有华人的地方都能看到的景象。但是小农的弱点也很明显,毕竟不具规模,抗御不了天灾人祸,需要家族的规模来支持,因此中国特别愿意讲远亲近邻。远亲近邻可以建立起一定意义上的规模经济,互相帮助,从而弥补家庭规模小的不足。社会经济发展水平对中国人的性格影响主要有以下几点。

1. 小农经济的定居特点导致人口难以流动

难以流动就不了解外边的世界,自以为是、坐井观天、夜郎自大,所以要耐心地做艰苦、细致的教育工作。没有什么不能改变的,就看你有没有耐心,因此中国文化是特别讲耐心,道理就在这里。

2. 经济的落后、文化素质的低下,导致人们的逻辑分析能力差,看事爱整体看,分析、分工、分配的能力差

应当教育员工怎么分析问题,尤其教育营销人员怎么分析市场,怎么搜集信

息，怎么判断信息，这点我们跟西方是不一样的。大家看吃饭，西方人的饮食中，面、菜、肉是分开的，我们中国呢？包子、面条、水饺、扬州炒饭、羊肉泡馍等是合在一起的。太整体了，导致的天然弱点就是分析性不够。领导是干什么的？领导就是分析，就是分工，就是分配。另外，中国人做事易走极端化，因此，必须不间断地、有耐心地教育宣传，避免从一个极端跳到另外一个极端，要教育大家辩证地思考问题。

3. "言不由衷"的民族心理，意味着必须进行认真的调查，才能发现消费者和员工的真实需求

小农经济是与落后的生产力水平联系在一起的。长期的小农经济，导致产品常常是供不应求。怎样做到供求相当？必须压抑需求。压抑需求在制度上叫等级制，在意识形态上呢？叫节俭。历史上对皇帝最不好的评价是什么呢？骄淫奢侈，大手大脚不会过日子。但是人的嘴巴想吃好的，人的耳朵想听好的，这样长期压抑下去，便形成了"言不由衷"的民族心理。在国外爱上了一个姑娘，经常讲 I LOVE YOU，在中国，你看上一个姑娘，反而要冷淡她，用冷淡来表达自己的爱。忽然有一天，这个人讲了实话，虽然他讲的就是姑娘想听的，但姑娘往往还"骂"他。

中国人"言不由衷"的特性，导致在中国做市场调查相当难，因为说的和心里想的不见得是一回事，尤其是企业的员工。如，领导问你需要什么，你说什么都不需要。领导说，既然什么都不需要，那我就不给你。你心里会想，这个领导，怎么没水平，我心里明明想要，他怎么就看不出来。所以，我们经常暗示说，领导你放心吧，等到反复说到两三次的时候，就是他有要求的暗示，这时领导就应当想他需要什么，赶快满足他，不然，他讲一次就够了，为什么讲两三次，他不好意思表达，只能暗示。

4. 粗枝大叶，过分重视所谓尊严的气节，导致中国人质量意识差，服务意识差

小农经济，一家一户，丈夫干活，妻子做饭，做的饭再差也没什么，差不多能吃就行了。但是现在呢？我生产，你来消费，竞争中的交换，质量不好没人要，因此中国人要提高质量意识。不仅是生产质量，包括每一个岗位的工作质量，尤其是领导岗位的工作质量，因为领导的决策影响太大了，所以领导更应学习和提高。

在小农经济下，我靠我自己的力量就能得到丰硕的果实，我没依靠着你，我干吗叫你高兴啊？干吗为你服务？这就造成中国人强烈的所谓重视尊严的气节，瞧不起做服务工作的，说他们卑躬屈膝、点头哈腰。为了纠正这一错误倾向，毛泽东说过，我们每一个人，都是革命大机器上不可缺少的螺丝钉，没有高低贵贱之分，只有岗位分工不同，我们都是人民的服务员。其实，服务就是以令人高兴的心态为他人工作，服务确实是伺候人，问题是我伺候你，你伺候他，他伺候我，这样转着圈相互伺候，那还叫伺候吗？那叫为人民服务。

5. 崇敬权威，使中国的老百姓容易产生迷信心理，也使知识分子瞧不起实践和社会大众

现在的企业，既喜欢大学生，又头疼大学生。要改造大学生吗？看一本书，毛泽东的《在延安文艺座谈会上的讲话》，他对知识分子的特点讲得特别透：优点是文化素质高，站得高看得远；弱点是高高在上，瞧不起劳动大众，不愿意下车间，跑市场，结果设计不出劳动大众需要的产品，得不到劳动大众的信任。改造知识分子的最好办法是到劳动大众中去，先做他们的学生，再做他们的导师。

6. 追求自由，以及"对人严，对己宽"的民族心理，导致人与人之间的冲突容易激烈化

现在很多企业，上下不合，左右推诿，导致了矛盾的激化，管理成本的提高。

第三节　如何管理中国人

1. 中庸之道

一方面，要敬天，顺应人们对美好人生价值的追求，积极加以引导，这就需要加强企业文化建设。企业文化是教导员工哪些应该，哪些不应该，关键是哪些应该，将人向人性的光辉角度上引。人性的光辉是什么？讲礼仪，讲廉洁，在必要的情况下，为了组织不惜牺牲个人，亦即杀身成仁，舍生取义。

另外一方面，利用人们对人性美好价值的追求，以及对丑恶社会现象的蔑视，并加以制度化。但前提是制度必须合理化，以保证民众的基本生存条件。制度是干什么的？制度是讲哪些能干，哪些不能干，关键是哪些不能干，目的是阻止人向禽兽方面发展。孟子说，"人人皆可以为尧舜"（《孟子·告子下》）。事实上，人也皆可以为桀纣，这就是一个事物的两个方面。人一旦坏起来比野兽还坏。为什么呢？人聪明，"戴眼镜"。你见过人以外的哪个动物戴眼镜？戴眼镜反映着什么？有认识能力，能用理论、知识来武装自己。聪明人犯错误，一般人都找不出他在哪里犯错误。不过，这当中得有前提，即制度必须合理化。

现在很多营销人员犯错误的背后是什么呢？制度制定得不合理。我2000年去过一家企业，它的营销人员告诉我，企业每天给他的伙食费才十四块钱，吃面条都不够。你不让我吃饱，我自己想办法吃饱。怎么个吃饱？那就要腐败、犯错误。犯错误多痛快！他本质是想犯错误吗？那是你逼着他犯错误。如果保证他吃，保证他喝，给他基本（生存）条件的满足，他再犯错误，就要坚决地批评，坚决地处分，这叫高薪养廉。

文化建设和制度建设要结合使用，文化建设是主要矛盾，制度建设是次要矛盾。在特殊情况下，制度建设是主要矛盾，文化建设是次要矛盾，这是特殊性和一般性的统一。因此，在中国是不是特别强调结合啊？结合就是统一性和对立性的协调。一方面有坚定的统一性，"不是一家人不进一家门"。我们能走到一起，说明我们有共同的地方，应该向共同方向引导。另一方面，人和人之间又有矛盾，包括夫妻之间，那么又要将矛盾的对立性降低到可能状态下的最低点。具体的办法是什么呢？就是扬善抑恶。扬善是什么呢？文化建设；抑恶又是什么呢？制度建设。

2. 在有差等的爱与亲基础上建立命运共同体

有人说中国人不相信人。不对，中国人的组织能力相当高，问题是他不了解、熟悉你，敢相信吗？要把社会大众组织起来，就一定要讲爱心，即只有关心他人，关心社会，才能得到他人、社会的信任和尊重，从而建立起紧密的命运共同体。故儒家讲仁，"仁者爱人"(《孟子·离娄下》)。墨家讲兼爱，即像爱自己的父亲一样爱别人的父亲，像爱自己的孩子一样爱别人的孩子。中国人通过这个办法，也能建立起一个强大的命运共同体啊！咱们讲同乡、同亲、同学、同年，双方一建立这种关系就认识了，在认识的过程中了解了，了解的基础上就理解了，理解的基础上就宽容了，宽容了我们犯点小错误就都不计较了，命运共同体不就形成了吗？

早在西周时代，一个小部落怎么统治这么大一个国家？他们一方面让自己的子弟到外地去建立诸侯国，另外一方面呢，派功臣到外地去镇守边疆。功臣是外人，他要背叛的成本很低，背叛了怎么办？于是就用儿女亲家把他联系起来。因此，齐太公姜子牙的女儿邑姜就成了周武王的妻子。通过儿女亲家，通过婚姻也能建立命运共同体吧！不求你为我而干，为你的女儿也当干，咱们是一条绳上的蚂蚱，串在一起了，一荣俱荣，一损俱损。

所以从这方面分析，为什么在外地创业的山东老板爱找山东员工？为什么张家口老板愿找张家口员工？为什么太太是山东人，丈夫是湖南人，他们的员工基本上是这两个省份的？因为这里面有着人和人之间的关系呀，有一个共同的文化。另外，我推荐你，你推荐我，还有一个犯错误的交易成本高的问题。在县里，同一个乡的称老乡；出了省，一个省的叫老乡；出了国，中国人民叫老乡；到了欧洲，亚洲人民叫老乡。我们的老乡概念多宽！当然了，现在通过儿女亲家建立关系不容易了，因为孩子少了，但是可以用股份啊，通过股份建立命运共同体呀！一个命运共同体一定要有共同的利益，共同的语言，最后达到高度统一的情感。

课程回顾

一、地理环境对中国人性格形成的影响

1. 美国崇尚个人主义。

2. 日本崇尚国家主义。

3. 中国崇尚家族主义。

二、社会经济发展水平对中国人性格的影响

1. 小农经济导致人口不流动，不了解外面的世界。

2. 经济落后导致文化素质低下，逻辑分析能力差。

3. "言不由衷"的民族心理。

4. 粗枝大叶，过分注重气节使其难有质量意识，服务意识。

5. 崇尚权威使其容易产生迷信心理，也使知识分子瞧不起实践和社会大众。

6. 追求自由以及"对己宽，对人严"的民族心理，使阶层冲突易激烈化。

三、如何管理中国人

1. 中庸之道：日本的团队精神＋美国的创新精神＋中国的中庸之道＝中国式管理

2. 在有差等的爱与亲基础上建立命运共同体。

第四讲
交换形势图与当前市场营销的几大误区（一）

本讲主要内容

一、交换形势图

二、当前市场营销过程中的误区

企业总是在一定的环境下，同消费者进行交换的。若企业不把周边的环境搞清楚，则很难做到最大限度地跟消费者进行交换。为什么呢？因为你不能给消费者带来更大的价值。

第一节　交换形势图

交换形势图如下图所示。

（一）核心三角关系

企业是通过跟消费者进行交换得到消费者的信任，从而完成交换的。消费者的信任是怎么建立起来的呢？是在预期收益和预期成本比较当中建立起来的，货比三家嘛！换句话讲，在竞争当中，谁能给消费者带来更大的价值（更大的利益），谁就更能赢得消费者的信任。因此企业竞争最核心的三角关系是：企业、消费者、竞争者。核心是消费者。

消费者是如何选择产品的？是通过预期收益和预期成本的比较，哪个更合算我就买哪个。预期收益包括物质的收益加精神的收益。物质的收益是什么呢？比如说农用拖拉机，质量好功能强，能给顾客带来看得见的效益，这叫物质的收益。精神的收益呢？比如说，这个销售拖拉机的服务员态度很好，技术精良，问什么解答什么，很能解答顾客的困惑，能得到人们的好感，就是精神收益。

顾客的收益就是通过这两部分算出来的。一是产品本身给我带来的满足；二是销售产品的人在销售过程中给我带来的服务的享受，以及他让我在方便的地点购买带来的享受，外加品牌给我带来的享受。这就是他的收益总和，即总收益。

顾客的购物成本也包含两部分。第一是产品本身的价格。第二是交易成本，包括时间成本、体力成本和心理成本。两部分成本加在一起就叫总成本。顾客是在总收益和总成本的比较中选择产品的。这样就出现一个问题，好的产品未必卖得出去，一般的产品不见得卖不出去。为什么呢？因为除了产品质量、价格外，精神的收益和交易的成本这两个因素在起作用。

很多年前，我到过很多药品企业，他们说史玉柱的那个产品（脑黄金、脑白金）我们都会做。我回答说，你做得可能比他好，但你讲得没他好，他讲得更清楚，他把产品的价值最鲜明地表达出来了。那就是改善睡眠。而且最适合给谁用的呢？"今年过节不收礼，收礼就收脑白金"，作为礼品用的。特地在春节前给你打广告，让你了解。

再换句话讲，好姑娘一定找到好小伙子吗？好小伙子一定找到很好的姑娘吗? 未必! 生活中经常看到的是: 骏马常驮痴汉走, 美女常伴拙夫眠。一般的姑娘、一般的小伙子找的对象都不错, 帅哥靓女反而找不到好的。为什么? 预期收益和预期成本的比较。因为自身条件好, 自然要反复地挑, 这样就要耽误时间, 而任何产品, 包括青春, 都有季节性, 过了季节就贬值, 于是只好随便找一个完事。

企业最终是跟消费者交换的, 但企业是在竞争当中跟消费者交换的, 能否交换出去, 能否得到消费者的信任, 取决于消费者头脑中预期收益和预期成本的比较。"没有最好, 只有更好"。"更"什么, "更"在竞争优势上。你能比竞争对手更好一点点, 竞争优势就确立了。一般来说, 产品刚刚出来的时间质量不稳定, 这个时候谁的质量相对稳定, 谁就更有竞争优势。当大家的质量普遍稳定了, 那就看谁的价格更便宜。谁的价格更便宜, 谁就更有优势。同等的质量比的是价格。当大家对质量和价格都适应了, 那就看谁推出新产品的速度更快。等这些都差不多了, 那就再比什么呢? 比谁跟消费者交换的速度更快, 即比物流管理, 等等, 这就是所谓的"货比三家"。

(二)"兵马未动, 粮草先行"

企业要跟消费者交换, 首先要跟交换形势图中列出的中间一环的六大群体交换。

1. 跟供应商交换

供应商包括: 原材料的供应商, 能源的供应商, 劳动力的供应商, 高级管理干部的供应商等。如果供应的质量不高, 或者供应的价格太高, 或者根本供应不上, 那就影响到企业为消费者制造合适产品理想的实现。

2. 跟金融机构交换

企业运营需要大量的资金, 需要源源不断的资金流, 企业做得越大, 资金缺口越大, 因此现在的企业都强调融资。要融资就要跟金融机构搞好关系。

3. 跟经销商相交换

企业的生产是集中的, 消费是分散的。这意味着企业要跟经销商相交换。为什么要借助于地方经销商呢? 除了能节省企业的资金外, 更重要的是因为地方经销商熟悉当地风土人情, 他能得到当地人民的信任, 或者他比你更能得到当地人民的信任。同时, 他有一批为当地民众服务的人员, 在当地形成了一个关系网, 比你做事的效率更高。

4. 跟新闻媒体相交换

企业需要将产品的信息传递给消费者, 并且是高效率地传递给消费者, 那需要谁呢? 需要新闻媒体。新闻工作者的地位特别高, 被称为"无冕之王"。计划经济之下, 记者有这么高的地位吗? 也就是市场经济之下, 人们需要媒体来传递信息, 才提高了这个行业的地位。

5. 跟政府相交换

政府是什么? 用经济学的话讲, 政府是一个社会唯一的合法的暴力组织。企业在跟方方面面的交易过程中, 肯定会发生交易纠纷。有了交易纠纷怎么办? 一个办法是用市场来解决, 即"有话好好说""买卖不成情义在"。说不成怎么办? 那就需要一个强有力的力量来强行维持社会秩序, 这便是政府。因此企业做得越大, 越需要政府的支持, 越需要跟政府交换, 你要跟政府交换, 就得要满足政府的要求。政府要什么? 要税收、要就业、要社会安定。

6. 跟社会公众交换

公众有两部分。一部分是你的现实的消费者和未来的消费者。还有一部分人呢? 就是社会大众, 虽然他们不消费你的产品, 但是他们能给消费你产品的人施加好的或者坏的影响。因此, 企业必须发动社会大众, 树立好的形象报道, 通过社会舆论来影响我们的客户, 提高对我们产品的信任程度, 这就是公共关系。

所以, 企业要跟消费者交换, 要在竞争中交换, 就需要跟上述六大群体的人交换。至于交换的内容,交换的价格,交换的时间和地点,等等,那要按照情况的变化而变化了。我们说为人民服务的宗旨是不变的,但是为人民服务的形式要不断地发生变化。这意味着交换的内容和价格要不断发生变化。

(三)宏观营销环境

什么样的因素影响交换内容和价格的变化呢? 请看最外边的这个圈所列出的六大环境。

1. 人口环境

人口数量的变化影响到了产品的销售,或者是能购买得起我们这个产品的人群的数量发生了变化,影响到产品的销售;或者是具有购买该产品欲望的人群的数量发生了变化,进而影响到我们产品的销售。

2. 经济环境

人的收入的提高,能影响他的购买欲望的增强。

3. 政治环境

加入WTO是最大的政治环境,意味着什么呢? 中国的产品可以到国外去了,国外的企业可以到国内来了,一方面给你机会,市场无限大;一方面给你压力,政府政策的变化也会给企业带来影响。

4. 文化环境

人们观念的变化,给消费带来的影响。我以前常讲一个例子,改革开放以前中国人民穷,姑娘爱美但买不起袜子。改革开放了,中国人能买好多袜子了,带动了中国制袜产业的发展。但到2001年,社会观念为之一变,人们强调自然美,不穿袜子了,光着腿了,这一下子给中国的制袜产业造成多么沉重致命的打击啊! 为什么? 社会发展了,妇女越来越多地走上工作岗位,她们对自己越来越自信,自信了她就敢于把美腿显示在众人面前。过去还不很自信,靠袜子来弥补弱点,现在自信了,你们看吧,很漂亮的,所以就不穿袜子了。

5. 技术环境

技术的变化会影响、会导致一个产业的崛起,也会导致某些产业的衰落。如:复印机的出现颠覆了复写纸行业。技术的变化会影响企业的销售方式和成本的变化。如互联网购物。

6. 自然环境

温度的变化影响自然环境的变化。气温下降一摄氏度,会给与温度低有关的产品以多大的刺激?温度提高一摄氏度,又会给与温度高有关的产品多大的刺激?这就是现在的气象经济学。

(四)四大法宝

外边的这个圈被称为企业看不见摸不着的环境,里边的这两个圈被称为企业看得见摸得着的环境,正是看不见摸不着的环境的变化,最终决定了看得见摸得着的环境的变化。一个人、一个组织要想获得成功,就必须跟消费者、跟合作伙伴交换。如何实现成功的交换呢?可以按照毛主席总结的"一个宗旨三大法宝"来做。我把"一大宗旨三大法宝"结合到一起称之为四大法宝。

1. 群众路线

就是从群众中来到群众中去,深入调查研究,满足客户的真实需求。你知道他需要什么样的产品吗?你知道他在什么地点购买吗?这就是群众路线。从群众中来叫认识世界,到群众中去叫改造世界。

2. 统一战线

要处理好跟合作伙伴的关系。企业是带着一个统一战线来跟另外一个人的统一战线竞争,看谁更具有竞争优势。要防范统一战线中的风险,掌握革命的领导权。发生矛盾怎么办?尽量通过说服、教育,甚至退出合作等方法,即文武之道,把矛盾降低到最低点。

3. 武装斗争

武装斗争指的是竞争。竞争的法则是什么?第一,取长补短。通过向竞争对手学习,提高自己的竞争优势,抑制他的竞争优势。第二,扬长避短,避实击虚。即通过研究竞争对手的弱点,攻打他的弱点,最大限度地提高自身的竞争优势。什么是竞争对手的弱点? 就是对消费者的需要满足不充分的地方。研究他的弱点,利用他的弱点,弥补他的弱点,你不就更能得到消费者的信任和喜欢了吗?

4. 党的建设

党的建设表现在企业里就是企业管理,如何调动员工的积极性。企业管理有两个方面:

第一,文化建设。规定哪些能干,哪些不能干,关键是哪些能干,引导人向人性的光辉方向上发展,教育他怎样处理各种关系,怎样处理各种矛盾。

第二,制度管理。规定哪些能干哪些不能干,重点是哪些不能干,遏制人们犯错误。

在我看来,任何组织、任何个人要成功,都离不开这四大法宝。一个好汉三个帮,讲的是统一战线的关系。避实击虚、扬长避短,讲的是竞争关系。人无我有,人有我优,讲的也是竞争关系,以树立最大的竞争优势。家和万事兴,讲的是内部建设关系。好人一生平安,好人终得好报,讲的是客户关系的处理,要求关心客户,爱护客户,通过顺应客户的偏好,解除客户的后顾之忧,来得到客户的信赖。

大家可能会说了,我是个营销人员,我干吗想这么多? 事实上,我们每个人都是自己岗位上的老板,你在你的岗位上就牵扯到这么多关系,你要做好你的工作,你必须按照这个图揭示的要求去办。

第二节　当前市场营销中的误区

(一)营销部门只关注与顾客的关系,忽略与公司内部关系的处理

在和其他部门的关系上,营销部门过分看重对外部顾客的联系,忽略对采购、科研、生产等部门的联系;过分重视对外部顾客的教育(宣传、广告),忽视对内部客户如生产、采购、科研等部门的教育。

现在的企业有两大弊端：上下不和，左右推诿。在很多企业里都是这样。营销部门跟采购，跟科研，跟生产部门，发生各种大小不等的矛盾。这些矛盾怎么来的？分工造成的。分工的优点就是提高效率，分工的弱点是协调成本高，造成人认识世界视野的狭隘。人人都觉得自己好，别人差。再加上民族的性格特点，"对人严，对己宽"，就更强化了部门之间的不和。部门之间的不和意味着什么呢？你不可能为消费者提供更大的价值。

营销经理有两大任务：对外教育和联系顾客，对内教育和联系员工，要在内部员工和外部顾客的联系之间搭起一座平衡的桥梁。营销经理不是靠命令来做工作，而是靠教育来做工作。跟客户是说服，跟同一级的部门也是说服，要说服就要顺应他对富贵的追求，顺应他对贫贱的厌恶，求同存异。

我在河北见过一个非常有修养的营销经理，60多岁了。每年企业都有一个员工联欢会，他总是站起来给其他部门的经理敬一杯酒，说对不住了，我跟你们吵了一年架，我是一个不断给你们带来麻烦的人，谢谢大家对我的支持。我也不是为我个人吵架，我是为咱们集体而吵架，明年还会吵架，我现在提前打招呼了，还望大家谅解。

（二）在与经销商的关系处理上存在问题

一是不能正确认识经销商；二是不会管理经销商，不会处理发生的冲突。

1. 如何认识经销商

（1）经销商不是你的部下而是合作伙伴，你不能用命令的口吻对他讲话，你用命令的口吻他是很讨厌的，一旦讨厌了，就到了恨屋及乌的境界上去了。

（2）经销商主要执行代顾客购买的功能，然后他才是代企业销售。他是因为代顾客购买，才去采购你的产品的。换言之，哪个企业的产品销售得多，他就卖哪个，很正常的，你要理解他。

（3）经销商出售的是产品组合，而不是单一产品，出售的产品组合最大化而不是单一产品最大化，他不仅卖你的也卖别人的。

（4）除非有特别的激励,否则经销商是不会搜集特别的信息的。这些问题,你应当认识,认识不等于赞成,你要想明白,你管理的出发点在哪里,再谈如何引导他。

2. 如何管理经销商

（1）管理经销商的手段

管理的手段主要是两个:奖和罚。奖励人得到富贵,惩罚人失去富贵。在得到富贵和失去富贵之间,失去富贵的不平衡感更强。你得到一百块钱不觉得什么,丢掉一百块钱会难受好几天。因此管理不能没有批评,但要谨慎利用,批评得太狠了那就破罐子破摔了,那就要造反了。管理经销商的具体手段有五个:

①报酬的力量。干得好有奖励。

②强制的力量。不按要求办事断你的货,停你的款。

③法律的力量。违背合同打官司。

④专家的力量。你跟着我能学到好多知识。

⑤声望的力量。越是名牌,他越愿销售。

这五个手段都能影响经销商对富贵的追求。在这五个手段当中,大家要更多用报酬的力量,专家的力量,声望的力量,顺应人对富贵的追求。较少使用强制的力量和法律的力量,但是也不能不用,用的时间要有分寸。

（2）加强跟经销商的联系和沟通

第一,收集信息。我明白他需要什么,能力如何,弱点是什么,这就为我建立起彼此的信任达到什么程度奠定了基础。

第二,分类、区别对待。经销商也有大的、中的、小的,大的要特别掌握,中小的呢?靠大的带。这可以为制定经销商的政策打基础。企业是靠政策来建立起顾客预期收益和预期成本的比较的,企业也是靠政策来改变经销商预期收益和预期成本的比较的。

第三,重视渠道生命周期研究,适时变更渠道模式。好的渠道模式既能发挥经销商的积极性,又能使企业获利。但任何一种渠道模式都不是一成不变的,企业必须关注渠道生命周期,而予以适时调整。

课程回顾

一、交换形势图

1. 核心的三角关系

企业、消费者、竞争者。

2. 企业的合作伙伴

经销商、供应商、金融机构、新闻界、政府、公众。

3. 企业的宏观营销环境

人口环境、经济环境、政治环境、文化环境、技术环境、自然环境。

4. 企业成功交换的四大法宝

群众路线、党的建设、武装斗争、统一战线。

二、当前市场营销过程中的两大误区

1. 误区一：营销部门只关注与顾客的关系，忽略与公司内部关系的处理。

2. 误区二：在与经销商的关系处理上，一是不能正确认识经销商；二是不会管理经销商。

第五讲 交换形势图与当前市场营销的几大误区（二）

本讲主要内容

一、如何处理跟竞争对手的关系

二、如何处理战略与战术的关系

三、在营销队伍建设过程中存在的问题

四、不重视营销部门的组织建设

五、如何处理营销经理和老板的关系

在上一讲中，讲到了交换形势图和当前市场营销过程中存在的两大误区，本讲继续讲解市场营销过程中的其他五大误区。

第一节　在如何处理跟竞争对手的关系上存在的误区

1. 和竞争对手既是竞争关系，也是合作关系，只不过在不同的时间，竞争和合作的程度不同而已

在激烈竞争的时候，要想到明天还会有合作，当大家要合作的时候要想到明天还会有竞争。这告诫我们：做事别做得太绝了。你和竞争对手（同行）肯定是竞争关系，竞争谁更能够赢得消费者的信赖。但又是合作关系，在必要的情况下，要联手共同满足消费者的需求，共同回应社会和政府的质疑，甚至共同争取行业的地位。

通常情况下，一个行业发展的初期，以合作为主，行业到了成长期，开始导入竞争。但只要不是你打我，我打你，这个时间还是合作大于竞争。真正的你打我，我打你的那种竞争，是在一个行业或者一个产品的成熟期。这个时候价格战是最主要的特点。但在产品的价格战中，很多的产品被打没了。到这个时候，剩下少数的几家企业在某些情况下又合作起来。到了行业的衰退期，或者产品的衰退期的时候，好多人退出了，又把某些产品的售后服务留给另外一个人，这个时期还是合作居多。因此大家要了解，合作中有竞争，竞争中有合作。大家要用波动曲线的辩证的观点来看待这个问题。

2. 要取得竞争的成功，就要发现竞争对手的优点和弱点，取长补短，扬长避短

取长补短，是向他（竞争对手）学习，提高竞争优势；扬长避短，避实击虚，是利用竞争对手的弱点，弥补竞争对手的弱点，那么你就有更大的竞争优势了。

（1）怎样发现竞争对手的弱点

办法基本有以下两个。

第一个办法是要素比较法。将影响消费者需求的因素罗列出来，如，质量、成本、功能、款式、包装、服务等，和竞争对手逐一进行比较。假若将最高分定为十分的话，分别给自己和对手打分，你多少分，对手多少分，只要连续比下来，那么他的明显的优点和弱点就看到了，你的明显的优点、弱点也就看到了。万事万物，都有优点，都有弱点，是比较中的弱点，比较中的优点。不能只是静态地看要素比较，还得从动态来看。比如说连续三年比较，虽然市场占有率我不如他，但是，连续三年我都在提高，连续三年他都在下降，这证明市场占有方面你比对手更有潜力，同时，你还得了解为什么他在下降，从而判断他真实的弱点是什么。

什么是真实的弱点呢？就是打击了对方，对方反应过来了，也无可奈何，格兰仕微波炉打海尔就是这样。格兰仕是以成本低取胜。因为规模经济的关系，格兰仕每吨的采购成本比海尔要低六十到七十块钱，当消费者感觉格兰仕的产品质量不比海尔，而价格比海尔低好多时，海尔明白过来也无可奈何，这就是打的海尔真实的弱点。假若，你打了他的弱点，他马上反应过来，且反击的速度比你还快，这不叫真实的弱点。比如说，现在人们都觉得宝洁的价格偏高，假若你靠价格来打宝洁，是不聪明的，宝洁会以更低的价格来反扑，把你从化妆品市场中彻底挤出去。价格高不是他的真实的弱点，只是他的表面的弱点。

第二个方法就是观念比较法。假如通过要素比较还比较不出来，那就再比较双方的观念是不是跟现状相符合。社会存在决定社会意识，人的观念是社会存在的产物。社会发展了，要求观念也随着变化。但是人的观念一旦形成，便长期稳定，这就意味着人的观念跟社会的发展之间会产生矛盾。

我举个例子。日本的佳能复印机要进入美国，美国复印机行业当时最强大的公司叫施乐。美国施乐公司，仅售后服务人员就一万两千多人，号称最强大者。佳能复印机，拿着放大镜都找不出施乐的弱点。这个时候转念一想，优点的同时不就是弱点吗？你为什么要一万两千名售后服务人员？说明你的质量还不过硬嘛！最起码你对质量还不自信嘛！（这告诫我们，实在找不出弱点来，优点的同时就是弱点）佳能复印机就从这里出发，千方百计地提高质量，同时对外宣传，我不要一个售后服务人员，谁要发现我的质量问题，我愿意如何如何地赔偿。他的广告这么一打，对施乐复印机公司来讲，等于是釜底抽薪，这才是打了他真实的弱点，即使反应过来也无可奈何，你一万两千名售后服务人员说变就变了吗？因此来讲，大家要明白一个道理，万事万物都有弱点，在某种情况下，优点也是弱点。

（2）竞争对手的弱点主要表现在三个方面

第一个方面，时间上的"虚"。大公司往往很正规，白天为人民服务，到了晚上就不管了，但是消费者晚上也有需求啊！对小公司来讲，可以晚上去弥补！

第二个方面，空间上的弱点。大公司往往在一些利润比较丰厚的地区和人群中扩大市场，但是有好多中小县城和农村，他忽视了，他放弃了，那么对竞争者来讲，正好去弥补，这不就是利用了他的弱点吗？

第三个方面，政策上的弱点。营销有几个基本的手段：产品、定价、促销和分销,仔细分析这几个手段,也会找出弱点来。比如,20世纪90年代非常有名的山东秦池酒厂,从酒质来讲怎么也比不上四川的酒业,但是四川的酒业自感是名牌,不做广告,那你忘了做广告,我就来做广告,从而承担起教育、引导消费者的责任,结果一举成名。当然,秦池后来也败在广告上,真可谓成亦萧何,败亦萧何。美国的戴尔电脑,利用IBM做代理,但代理的成本过高,那么他就搞直销,结果创造了奇迹。

实际上一分析、一分类,对手的很多弱点就明显地表现出来了,应对的办法也有了。民营企业普遍喜欢毛泽东,毛泽东就善于变整体劣势为局部优势,他就是分类、分析出来的。大家要善于分析竞争者的弱点,要学会利用他的弱点,弥补他的弱点,那么你的竞争优势就奠定了。再大再强者也有弱点,再弱再小者也有强点,关键看怎样扬长避短,避实击虚。

第二节　在战略和建设的关系上偏重战术,忽视战略

1. 什么是战略

明白为谁服务,你的目标顾客是谁,他们的需求是什么,为他们服务的人有哪些,他们的优点、弱点各是什么,我们的竞争优势是什么,怎样将自身的竞争优势发挥出来等,这就是战略的内容。

2. 什么是战术

明白怎样定价,定什么样的价格,怎样做产品,做什么样的产品,怎样做广告、做宣传,怎样进行网络营销,如何让消费者在方便的地点购买等,这就是战术的内容。

3. 现在企业普遍遇到的问题是什么

偏重战术,忽视战略。(战略是讲应该干什么,战术是讲怎样干)我到过很多

企业，总经理总是讲我的价格如何如何，我的广告如何如何，我的分销渠道如何如何。我说你不要讲这个，你跟我讲清楚，你为谁服务，你的目标顾客是谁，你为什么为他们服务，他们的需求是什么，他们最想得到的和最怕失去的是什么，和竞争对手相比，你怎样发挥竞争优势，你发挥竞争优势的途径是什么，不了解这些问题，你甭想制定出合适的价格来。

4. 既要讲战术，也要讲战略

儒家有三大圣人：孔子、孟子、荀子。孔子讲仁。仁者，爱人。只有爱人，人才会爱你。你为别人服务，别人也为你服务，爱是相互的，我觉得这个问题在中国已经基本得到解决了。现代的企业，普遍都知道爱顾客、爱员工、爱经销商。孟子讲义，讲应该怎样爱人。现在我们最大的问题在这里，不知道怎样正确地爱人，不知道为谁服务，不知道他的需求，不知道竞争对手，不知道发挥竞争优势的途径，这怎么叫正确地爱人？要么溺爱过了头，要么爱得不够。荀子讲礼，讲爱人的具体礼节。应用到市场营销中，就是怎样定价了，怎样分销了，怎样促销了，怎样做好这个产品了。

现在在中国，真正缺乏的是孟子的"义"的解决。企业为谁服务，他的需求是什么，企业的竞争对手是谁，企业的合作伙伴是谁，怎样发挥自己的竞争优势，等等。这几个问题解决了，剩下的问题都好办。大家可能要说了，老板懂战略，员工还需懂战略吗？员工也是自己岗位上的老板。因此，战略、战术都是相对的范畴。每个人都应研究战略和战术，尤其是战略的问题。所以我认为，这是当前要解决的、更为重要的问题。

第三节　在营销队伍的建设问题上存在的问题

1. 过分看重产品的销售，忽视信息的搜集、整理、传递、保存和管理

具体表现是只让业务员拼命卖东西，而不告诉他怎样搜集信息。其实，营销人员的第一职能是情报员，是搜集信息的。你把信息都搜集来了，就能为总部的决策打下基础。你能知道为谁服务，他的需求是什么，怎样为他服务，那就为更好地销售产品打下基础。第二职能是战斗员，即如何更多、更快地卖东西。第三职能是服务员，在为顾客服务过程中，树立企业形象，为顾客长期购买打下基础。

怎样搜集信息、判断信息呢？关键是发现异常。"常"是普遍性，"异常"是特殊性。大家普遍认识的现象就不用管他了，专门管那个不寻常的东西，这往往是有价值结论产生的突破点。

我曾经给北京的一家电线电缆企业做过一个项目策划，当时我就发现该公司的业务员不会搜集信息，也不重视搜集信息。老板很重视产品的销售，我说没有信息的搜集，你不可能把东西卖出去。于是，老板就让业务员外出搜集信息。业务员白天开着车到了怀柔，上午两个小时跑到了，吃完饭，下午三四点钟就回来了。我说这怎么能成啊，这叫走马观花。你要搜集信息，起码要在当地住一晚上，用扎扎实实的两天时间，你才有可能得出有价值的结论。于是，我就带着他们去转了一圈。到了怀柔我就跟一个经销商交流。经销商说，公司的产品在北京城是很有名的，但是价格稍微偏高。郊区对价格敏感，所以，公司产品就不好销售。我又问了一句，有没有买的，经销商说有。这就是有价值的信息，这就是异常的地方吧？交谈中了解到北京的房地产建筑公司在他这儿买过电线电缆。这一下子就找到了突破点。北京市的建筑公司也向郊区发展，能不能利用这些人，发展自己的营销网络？别人不了解你，他了解你嘛！然后到了中午吃饭的时间，我对老板说，把经销商也带上。老板说带他们干吗？我说也不差两双筷子，关键是吃饭就是聊天，聊天就说话，说话就沟通，沟通就了解，了解就理解，理解万岁嘛！

下午去了顺义，我又跟他的另外一个经销商聊了一个多小时。大家都知道，经销商是没有责任跟你聊天的，也没有义务跟你聊天的。我给他提了几点建议，他觉得挺好，自然愿意跟我聊天。后来他的太太，以及他的工作人员也跟我聊天。我忽然问他一个问题，正泰产品（也是制造电线电缆的同行）卖得怎么样？他说，正泰卖得最好。我问正泰的价格怎么样？他说，正泰的价格最高。这条信息很重要，正泰的产品价格最高，却卖得还最好，显然说明价格高不是该公司卖不出去产品的唯一原因。那么，正泰产品为什么卖得好呢？回答说是形象好。那么形象好源自什么？源自宣传广告。这样，顺藤摸瓜，就找到了突破的途径。业务员说经销商不愿意跟我们聊天，我说那是因为你肚子里没有知识。聊天是一种交换，你只有给经销商带来利益（收获），他才乐于和你聊天。所以，从这个角度说，业务员应该多读书。

当一个产品连续一段时间销不出去的时候，就是老板御驾亲征的时候。老板毕竟水平比员工高嘛！不然怎么做老板。同样的信息，老板能得出不一样的结论，老板御驾亲征意味着什么呢？信息的传递很快。借助老板的力量，解决普通营销人员不能解决的问题。

2. 过分重视对营销人员工作的要求，忽视对他们的教育和关心，忽视对业务人员的业务教育

总觉得是老业务员了，不用教育。但消费者需求变化快，竞争变化快，因此企业应该重视对业务人员的业务教育，促使他们的素质进一步提高。

3. 忽视对营销人员的思想教育

营销人员是什么人？天高皇帝远的人。既然天高皇帝远，那老板就不容易看得住。既然看不住，那业务人员就有动力犯错误。毛泽东曾经说过一句话，要防止党外的各种非无产阶级侵蚀到党内来，以免影响我们的党员。业务员整天在外边，外边的繁华世界影响他，你也在影响他。到底谁的影响力大？谁教育的力度大？你若不加强对业务员的管理，业务员就被别人拉走了，他就不是你的人了。

4. 不关心业务人员的家庭生活

业务人员远离后方在前线，孩子上学，家人得病，什么都关心不了。企业若不替他关心，他就自己来关心。自己关心，工作就忘了，自己关心，有可能犯错误了。如果你关心了他的家庭，你可以用家庭的力量来影响他好好前进，好好工作，好好劳动。这叫什么呢? 企业的事大家办。

第四节   不重视营销部门的组织建设

企业往往偏重销售员的业绩，不重视组织建设，一般有以下两个表现。

1. 地方分公司的组织几年不变

比如，经常听到客户抱怨: ××公司营销组织太乱，上午张三来推销A产品，中午李四来推销B产品，下午王五又来推销C产品，既然一个公司为什么不指派一个人来同时推销A、B、C产品呢? 根本原因是有些公司按产品分设部门，部门与部门之间不联络，各自为政。时代发展了，地方分公司的组织机构是否也相应调整? 是否应该按客户来设置部门啊? 比如分全国性的客户，区域性的客户，地区性的客户，等等。这样能避免很多的矛盾。

2. 不重视营销总部的建设

企业刚创业时，业务人员人人都是战斗员。随着企业的发展壮大，从业务人员当中，可能分离出一些脱产劳动者，专门从事指导和控制。原来业务员在前线亲自琢磨经验，现在有人专门指导。有些人琢磨出经验来了，总部加以总结提高，进而向全部门的业务人员推广，效率就大大提高了! 另外企业大了，财产多了，意味着犯错误的条件也成熟了。你不对业务人员加强控制，地方分裂主义就形成了。因此作为达到一定规模的企业，应该避免这个问题。

第五节   营销经理和老板关系的处理问题

1. 营销经理如何处理跟老板的关系

营销经理经常碰到一些问题: 如跟老板意见不一致的情况下怎么办? 当老板

频频干预工作怎么办？当对工作环境、待遇不满意怎么办？营销经理经常碰到这些问题，矛盾大了，那就跳槽。我的看法是把老板也当成你的客户来对待。老板也要追求富贵，老板也有他的优点和弱点，顺应他对富贵的追求，一定程度地容忍他的弱点，扬长避短，把老板当成客户来经营，一切都会有好转。另外对工作和待遇不满意怎么办？不满意可以提啊，但提了不见得批准。为什么呢？给你提待遇了，其他处于同样状况的人怎么办？他需要一段时间来平衡。领导不批准提待遇，怎么办？或者离开、辞职，或者在这里继续干下去。在这里继续干下去，就要任劳任怨，别像2002年创维中国区销售总经理陆强华一样，带着150多名企业精英（其中包括创维24个销售片区中的11个，亦即20多名管理方面的核心成员）集体跳槽吧，这件事对创维不啻毁灭性的打击，轰动一时。

2. 老板如何处理跟营销经理的关系

第一，要顺应营销经理对富贵的追求，给他高工资，高待遇，高股份，让他满足。

第二，要教育他怎样得到富贵，怎样处理上下左右的关系，教育他如何提高他自己的能力。

第三，营销人员小富即安，不思进取怎么办？你再用钱来激励他不起作用了，你就应当慢慢用人性的光辉以及如何提高自身价值来鼓励他。

课程回顾

一、如何处理和竞争者的关系

1. 既是竞争关系，又是合作关系。
2. 要善于发现竞争者的弱点。

二、如何处理战略和战术的关系

1. 战略讲应该干什么。

2. 战术讲应该怎样干。

3. 既要讲战术，还要讲战略。

三、如何建设营销队伍

1. 注重信息管理工作。

2. 加强业务教育。

3. 加强思想教育。

4. 关心家庭生活。

四、如何加强营销部门的组织建设

1. 适当调整地方分公司的营销组织。

2. 重视营销总部建设。

五、如何处理老板与营销经理的关系

1. 营销经理把老板当客户经营。

2. 老板应顺应营销经理对富贵的追求。

第六讲 营销的本质和目的

本讲主要内容

一、营销学的研究对象

二、什么是产品

三、营销的全过程

四、营销的本质与目的

现在是工商社会，工商社会的特点就是交换。换句话讲，就是我生产你消费。我们以前的社会是农业社会，农业社会的特点是自然经济或者叫自给自足，自己生产自己消费。为什么说在社会的转型期有那么多人感到痛苦？其实，就痛苦在这个转变上。从自己生产自己消费，到自己生产他人消费，而且是竞争中的消费，所有的痛苦都来自于这个。

第一节 营销学的研究对象

营销学就是研究交换的一门学科。换句话讲，所谓营销学就是站在生产者或者提供者的立场上研究如何使企业的产品长期比竞争者更快地送达消费者手中的全过程。生产者是指生产产品的厂家，提供者是指产品经销商，这两者都需要把产品送达顾客手中。

通过这个定义能看到：它体现了企业、消费者、竞争者三者之间长期的动态的交换关系，体现企业、消费者、竞争者三者之间长期的博弈关系，没有最好只有更好。营销学不是研究今天怎么把产品卖出去的，它是研究如何长期不断地比竞争对手更快地把产品送达消费者手中的。

我曾经到过一家公司，这家公司的老板给我讲，北京科利华公司的"学习革命"案例多么多么成功。我有点不能苟同。一件事情的成功不要看一时，而要看长远，学习是个非常苦的事情，是个非常累的事情，他不会看一本书就革命了。马克思讲过，在科学的道路上是没有平坦的道路可走的，只有辛勤攀登、不畏艰苦的人才能最终到达光辉的顶点。你一段时间能让大家买你的书，但是长远呢？当大家觉得这是不可能时，他对你的评价会如何？因此，从长远看，这个企业的命运一定不会好。

关于科利华公司"学习革命"的案例，这里不妨多讲几句。科利华是一家做教学软件的公司，在1998年的时候投入1亿元卖一本定价28元人民币的《学习革命》，声称是为了推动中国教育的改革，其实目的是将公司知名度迅速打开，最后以买壳上市的方式达到它的目的，该公司老总宋朝弟提出的管理理论是"量子理论"，意思是企业可以像光子速度一样成长，但在上市后，公司却不断暴露资金不足的问题，到了2005年年底被迫下市。在中国类似这样的故事很多，都经不起时间的考验。因此，营销者就是研究如何将产品长期比竞争对手更快地送到消费者手中的全过程的，没有最好只有更好，企业就是要比竞争者为消费者提供更大的价值，带来更大的满足和享受。

什么叫价值？价值是主观范畴的观念，是外界事物作用于人类自身产生的主观心理感觉，是外界事物作用于自身带来的满足和享受的程度，是基数概念，是大小的概念。

什么叫价值观？价值观是对事物认识的重要程度的排序。是序数概念，是第

一、第二、第三、第四排序的概念，我们经常讲价值观是是非感，是对和错，是荣辱感。

为什么说价值是个主观范畴呢？以一个杯子为例。这个杯子什么时候有价值？当我渴了想喝水时它非常有价值。当渴到嗓子眼都冒烟的时候，它的价值非常之高，虽然成本可能是五毛钱，但是我愿意拿三十块钱来购买。但当我不渴的时候呢？外面下着瓢泼大雨，你送给我一箱矿泉水，让我带回家，在我的眼里它不值一分钱。你让我带可以，你得给我二十块钱。因为什么呢？我带回家是成本的付出，冒着瓢泼大雨，扛着沉重的箱子回家，我有什么收益？这个东西在我眼里的价值不是为零而是为负，因此得有一个补偿。

因此，同一个产品在不同的时间内给人带来的价值是不一样的，同样的产品在同一时间内带给不同的人的价值也是不一样的。如皮衣，在同一时间内，东北人特喜欢。在海南岛呢？人们绝对对皮衣不感兴趣，他们对什么感兴趣？对什么裙子、衬衣、拖鞋感兴趣。因此，营销是什么？营销就是要比竞争者给予消费者更大的价值，换言之，营销就是在合适的时间、合适的地点，将合适的产品、用合适的宣传送给合适的人。

第二节　什么是产品

在营销学上，所谓产品就是能给消费者带来满足和享受的任何东西。产品的本质就是给人带来享受和满足。换言之，消费者追求的是享受和满足，而不是产品自身，产品只不过是给消费者带来享受和满足的工具或者载体而已。因此大家要看到产品背后的人的追求，而不要仅盯着产品本身。如，消费者要的不是拖拉机，要的是拖拉机给他带来的丰硕的胜利的果实。

通过产品的这个定义可以看出：产品有季节性。羊绒衫冬天是旺季，夏天就是淡季。因为什么呢？消费者要的不是羊绒衫本身，是羊绒衫带来的温暖满足。冬天羊绒衫给我带来最大的满足，夏天呢？它给我带来的是痛苦。让我穿羊绒衫可以，但你得给我钱,你需要弥补我痛苦的代价。因此,企业要明白两点论:一是革命高潮怎么办?抓住机遇、迎头赶上,做到利润的最大化。二是革命低潮怎么办?潜心埋伏,耐心等待,积累力量,发动群众、创造条件,迎接革命高潮的到来。

什么是新产品?凡是能够给消费者带来新的满足和享受的任何东西,都是新产品。新产品一定是新发明的产品吗?未必。孔子的书现在看来依旧有价值,谁能说它不是一个新产品?20世纪30年代的好莱坞电影现在拿出来放,仍然让人得到新的感想,谁又能说它不是个新产品?因此人人都能开发新产品。新产品既可以是从未出现过的产品,也可以是现有产品的改进和改良。假如我是做衣服的,我的领子与你的不一样,谁又能说它不是一个新产品?

根据给消费者带来享受和满足的产品的形状的不同,我们可以把产品分为两种:有形的和无形的。具有看得见摸得着的物质形态,又能给消费者带来满足和享受的任何东西,叫有形的产品。比如说,山东双力集团的拖拉机、农用车,这就是有形产品。单独出售或者连同有形产品一起出售,具有看不见摸不着的物质形态的任何东西,但又能给消费者带来满足和享受,这种产品就叫无形产品。比如中国人寿保险山东分公司的保险服务,那就是个无形产品啊。双力集团的业务人员在销售农用车的基础上,又付出了优质的销售服务,这种无形的服务也能给消费者带来享受和满足。其实,任何产品都是这两种产品(有形、无形)的组合,只不过组合的比例不同而已。比如说拖拉机这种产品,它的有形产品大无形产品小,重点大家购买的是拖拉机,但业务人员的劳动要配合它起作用。保险公司这种产品是无形的,但是你在销售的过程当中,总得给大家讲解吧,总得带着资料吧,这些资料是配合你的无形产品起作用的。

还有一种产品,差不多有形产品和无形产品各占二分之一。比如说你到饭店吃饭,到宾馆住宿,你既要有形产品(硬件)给你带来的满足,你还需要它的无形产品(服务)带来的满足,即环境的氛围,服务员良好的工作态度和服务质量等。任何产品都是这两种产品的结合,因此任何产品的价格都由两部分组成,一部分是有形产品,一部分是无形产品。大家看下面这个图,这就是一个需求曲线图。

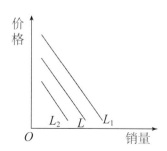

纵坐标是购买的价格, 横坐标是购买的数量。这条曲线什么意思呢? 价格越高买的人越少, 价格越低买的人越多。一部冰箱, 大家给这部冰箱自身的评价(L线)就是有形产品的价值。在销售产品的过程中, 业务人员的态度好坏, 也能给这个产品带来一个价值。如果销售人员的态度好, 工作质量高, 深得人心, 大家对它的评价抬高(L_1线)。如果这个业务员的态度不好呢? 业务素质不高, 一问三不知, 大家对它的评价降低(L_2线)。也就是说业务员起了提高或者降低产品价值的作用。同一个产品, 评价高了可卖高的价格, 评价低了只能卖低的价格。这说明在有形产品一定的情况下, 决定产品好坏的是无形产品。产品价格定得高和低, 广告宣传得好和坏, 这都是无形产品, 它照样能配合有些产品, 给消费者带来不同程度的享受和满足。因此我说任何产品的销售, 都是有形和无形的结合。任何产品的价格, 都由这两个部分构成。

随着企业竞争的激烈, 有形产品越来越同质化。在这种情况下, 顾客再比什么? 只能比无形产品。这就是企业加强对工作人员教育的原因, 愿意提高工作人员素质的原因, 也是企业拼命做品牌的原因。有形产品和无形产品的关系是什么呢? 有形产品是无形产品的基础, 无形产品是有形产品基础上的锦上添花, 无形产品毕竟要配合有形产品才能起作用。

有形产品该怎么销售? 有形产品应该做到无形化。你这个拖拉机, 你能不能给我讲清拖拉机给我带来的价值如何? 我的顾虑你能不能给我消除和解答? 无形产品的销售关键在于能不能做到有形化。保险公司销售的是保险服务产品, 看不见摸不着的，大家凭什么信任你啊？你是否得到了国家的什么证明，工作人员是否表现出良好的素质，这些有形的东西，才能赢得消费者的信赖。大家看不少老板富了，为什么要买部奔驰车啊？显示自身有力量的形象，没有钱能买得上大奔驰吗？民营企业富了，一定要盖几栋大楼，豪华的办公大楼，能够代表企业形象。大家再看看银行，老百姓把钱存到银行里，有多大的风险？所以银行的装修绝对稳如泰山，稳若磐石，不是三拳两脚就能打倒的，目的就是给储户安全感、稳定感，争取储户的信任。

第三节　营销的全过程

营销就是将企业的产品，长期地比竞争对手更快地送到消费者手中的全过程。全过程有哪些？

1. 市场调查

市场调查的目的是得到关于消费者需求的真实的结论。在做市场调查的时候，大家要记住两句话。一是没有调查，没有发言权。不亲口尝一尝梨子，你是不知道梨子的滋味的。二是有了调查也不一定有发言权。尝一尝梨子，就一定知道梨子的滋味吗？那也不一定。医生给你做手术拉一刀，总得过了半年才能知道质量好坏。因此只有调查，才有发言权，这叫搜集信息的重要性。有了信息也不见得有发言权，这是判断信息的重要性。

中国人什么特点？经济的落后，导致文化素质的低下，不能够用流畅完整的语言表达自己的思想。你跟农民做买卖，他需要什么，说不清楚。虽然他说不清楚，但是当你做出来时他却最能看清楚。不会做饭的人最会品尝。另外，言不由衷的民族心理，使得他有想法不好意思表达出来，或用歪曲的形式表达出来。你问他挣多少钱？他说少了，怕你瞧不起他，往往多说。你问他这个盒饭价格定得高不高？说少了怕你瞧不起，所以说还可以，反正他说了也不负责任。这意味着什么？营销人员、企业经营者,必须透过现象看本质,要像孙悟空一样有双火眼金睛,透过现象看本质,拨开浓雾见青天。而不能像猪八戒一样,就现象看现象,被假象所迷惑。

2. 开发设计

就是将市场调查中得到的关于消费者的抽象需求,转化成为具体意义上的产品。谁来开发设计? 知识分子。知识分子最大的优点是什么? 工作技能高。最大的弱点是什么? 瞧不起工农大众,瞧不起社会实践,高高在上。因此,必须认识到教育知识分子的重要性,教育他到实践中去,设计出既方便制造,又方便销售的产品。毛泽东说过:知识分子工农化,工农分子知识化。直到现在,这句话仍然有它伟大的指导作用。

3. 生产制造

将开发设计的产品,转化成为一定形状的产品。营销和科研之间经常发生矛盾,怎么样能让它不发生矛盾? 很简单,加强彼此的信息沟通。大家看我们党历史上,前线打仗无论多么忙,一定由前线组织英模报告团到后方来,后方一定有慰问团到前方去。这是为什么呢? 信息在前后方交流,交流后方知道对方的艰难,然后予以积极配合。

山东有个东岳集团,每年无论多么忙,都要组织生产经理、采购经理、财务经理到市场上去跑一跑,站站柜台。目的不在于帮着卖卖货,而在于了解前线的艰难,将对前线的同情转化出来,为营销人员工作创造最好的条件。

4. 定价

定价就是定一个合适的价格。价格定高了消费者买不起,定低了,消费者害怕便宜没好货。就是要在这两者之间,根据成本定一个合适的价格。消费者需求变了,价格也应该随之变动,大幅度降价或提价。

5. 促销

促销就是用消费者喜欢的语言,用消费者明白得了的方式,在合适的时间,合适的地点,用合适的形象代言人,向他讲解有关产品的信息。目的是使消费者对产品有所了解,产生兴趣,产生偏好,形成信赖,最后购买。促销的本质就是广告的宣传,促销的本质就是教育。

6. 分销

分销就是让消费者在方便的地点购买。换言之,就是企业营销网络应该如何设置。营销网络是什么呢?简单地说就是在企业和生产者、消费者之间,建成的一条高速公路,这条高速公路是不断移动的。因为消费者是不断流动的。

7. 售后服务

让消费者在得到产品后,还得到一些额外的满足和享受。如,过年过节打个电话了,发个贺年卡了,企业最害怕被顾客所忘记,顾客也害怕被企业所忘记。想做到心连心吗?必须创造沟通的方式。

第四节　营销的本质与目的

在营销的各个环节上,都渗透着一个原则:发现需求,满足需求,这就是营销的本质。发现需求是认识世界,满足需求是改造世界。认识世界在先,改造世界在后,说到底是知和行的关系。满足需求有两个含义:一旦有了机遇,那就抓住机遇,迎头赶上,做到利润的最大化;一旦没有机遇,在不利的情况下,要么转产,要么等待,做到损失的最小化。损失的最小化是另一种形式的利润的最大化。因此营销的目的是什么呢?实现企业利润的最大化。换句话讲,发现需求、满足需求是手段,实现企业利润的最大化是目的。这是手段和目的的关系。也就是说,全心全意为人民服务是宗旨,企业利润的最大化是目的。

课程回顾

一、营销学的研究对象

营销学是研究交换的一门学科,是站在生产者(或者提供者)的立场上研究如何使企业的产品长期比竞争者更快地送到消费者手中的全过程。

二、什么是产品

能给消费者带来满足和享受的任何东西。任何产品都是有形产品和无形产品的组合。

三、营销的全过程

市场调研—开发设计—生产制造—定价—促销—分销—售后服务

四、营销的本质与目的

营销的本质:发现需求,满足需求。

营销的目的:实现利润最大化。

第七讲
营销与推销

本讲主要内容

一、什么是营销

二、营销与推销的区别与联系

营销的本质是发现需求、满足需求，营销的目的是利润最大化。换句话讲，发现需求，满足需求是手段，实现利润最大化是目的。以双赢为原则，顾客得到了物质和精神上的满足，我也得到了利润的满足。既然互相都得到了满足，那就成为情感关系的好朋友了，为以后进一步的交换打下了基础。现在要谈的是营销与推销，是世界观方法论的问题，表现在工作上就是两种不同的工作方法。

第一节　营销的内容

1. 确定目标顾客，即确定你为谁服务

为什么要确定目标顾客呢？因为你的资源是有限的，你的能力是有限的，你的精力是有限的，你没有能力为所有的人服务，你只能为一部分人服务。那为谁服务

呢? 你就必须经过分析进行选择。

比如说山东双力农用车集团, 在农用车范围内来讲, 以哪些地区的哪些人为目标顾客? 你得考虑这个问题吧, 目的是什么呢? 树立竞争优势, 即为谁服务更能发挥我的竞争优势。作为保险公司来讲也是一样, 竞争对手有那么多, 消费者也有那么多, 不同层次的消费者也有那么多的需求, 哪种是你最值得去满足的? 一是考虑你的资源情况, 二是考虑竞争情况, 三是考虑它给你带来的利润的情况。

在《中国社会各阶级的分析》当中, 毛泽东经过一番分析最后确立了一个原则: 没有农村的一个大变动, 就不会有中国国民革命的成功, 没有贫农便没有革命, 革命的目标顾客确定了。毛泽东为什么能成为人民领袖? 不在于毛泽东会打枪, 毛泽东会扔手榴弹, 毛泽东会拼刺刀, 这些他都不如别人, 但是他知道为谁服务, 知道为什么为他服务, 知道如何在竞争当中树立竞争优势赢得目标顾客的信赖。他是靠"主义"来凝聚大家的, 让大家为这个目标而奋斗。当领导不见得一定是干具体事的, 干具体事可能干不过别人, 但是他指方向, 到哪里去? 为什么到那里去? 根据是什么? 他的需求是什么? 等等。

2. 明白目标顾客的需求

需求是宽泛的范畴, 是多层次的、是多方面的需求。多方面需求的表现是什么呢?

对产品来讲, 消费者最需要的是什么? 最想得到的是什么? 最怕出现的是什么? 在质量上他有什么要求? 在功能上他有什么要求? 在包装上他有什么要求? 在品牌的名称上他有什么要求? 如, 假如给一部冰箱起名叫状元牌, 会给你带来好的想象的空间 (人的欲望无限, 人的能力有限, 人经常希望有超自然的力量来弥补自己), 假若起一个名字叫孙山 (或落榜) 牌冰箱呢? 质量再好也不买。为什么? 评价低, 感觉不舒服。

对产品价格来讲, 要考虑什么价位他就买不起了, 定到什么价位他就害怕了, 根据你的成本来选择合适的价格。

对促销来讲, 要考虑他最愿意听的是什么, 他最怕听的是什么, 他最顾虑的是什么, 影响他的人有哪些, 影响他的因素有哪些, 怎样能够打动他的心, 等等。

大家看脑白金。脑白金是给谁吃的？广告词"孝敬爸妈，脑白金"，目标显然是针对中老年人的。但中老年人收入相对有限，没钱买，他希望由儿女来买，由别人来送，所以，广告词"今年过节不收礼，收礼只收脑白金。"它把使用者和影响者都表达在一起了。

对分销来讲，要让消费者在方便的地点购买。哪些地方是消费者最常去的？哪些地方是大家不常去的，很不方便的？你能把这些问题都搞清楚，然后你再营销。营销的几个基本手段说起来容易，但生活中犯错误的比比皆是啊。

南方有一家装饰装潢公司到北京打市场，打了三次退了三次。在哪出问题了？后来他的总经理告诉我，在地点上出问题了。北京人民当时的生活水平不如南方，他们的销售办事处设在写字楼，但老百姓都去建材城里边，见不到它的面，谁还知道它？既然都不知道，怎么去购买它的产品？所以需求是多层次的，是多方面的。

现在很多人都在用名人做广告，我同意用名人做广告，这跟中国人崇尚权威的心理是相符的，但是不是所有的名人都适合做你的产品的广告？比如说赵本山是著名的小品演员，做一个农用车的广告，做一个鸡饲料的广告，做一个猪饲料的广告，找赵本山没问题，农民、民工一看见赵本山就高兴：本山大叔来了。如果你做一个高档化妆品的广告，做一个高档西服的广告找赵本山，那就坏了，一看"土老帽"来了，谁还买？万事万物贵在合适，要想做到合适，你就应当了解他的需求，然后才能提供他合适的产品，因此需求是一个多方面的需求。

3. 设计整合营销方案

明白他人的需要，就要满足他，怎么满足？整合营销。

首先是营销队伍内部的整合。营销内部的整合包含着前线战士和总部的指挥员之间的关系的协调，是营销部门和其他职能部门之间的协调。营销经理的任务是说服，将外部的信息传递给内部来说服大家，将内部的信息传递到外部去说服顾客。

其次是合作伙伴之间的协调。企业是带着一个统一战线、带着一个合作同盟来跟另外一个企业的合作同盟、统一战线进行竞争的，竞争优势是通过整合营销而发生的。

整合营销的表现是什么呢？合适的产品，合适的价格，合适的促销，合适的分销。

我重点讲一讲产品。产品就是能给消费者带来满足和享受的任何东西，产品分有形的和无形的两部分，这两部分共同结合为消费者带来更大的价值。大家可能会说，麦当劳的产品是怎样创新的？麦当劳的有形产品已经稳定了，是靠无形产品的创新来给顾客服务。海尔靠什么在全国做到目前的规模的？它在20世纪90年代很大程度上靠售后服务。售后服务是什么？无形产品的创新。因此企业要重视产品的创新，不仅要重视有形产品的创新，更要重视无形产品的创新。在枪支弹药一样的情况下如何能打胜仗？那就要发挥你的聪明才智了。

产品还可以分标准化的产品，不标准化的产品。什么叫标准化的产品？轮胎、螺丝帽是标准化的产品，经典化的产品。标准化的产品主要是比什么？产品已经制作不出差异来了，那只能比成本。什么是非标准化的产品？衣服、饮食、酒店，它能在服务、款式、颜色等方面做出很多差异来。非标准化的产品怎么销售？或者制造成本的差异，或者在成本以外制造差异。差异是什么？与众不同。与众不同就是创造消费者没有比较的空间。

产品当中有消费者容易理解的部分，有消费者难以理解的部分。消费者容易理解的部分，是他认识你的基础；消费者难以理解的部分，或者他希望理解的部分，是你的创新的内容所在。消费者容易理解的地方太多了，他对你的产品不感兴趣。你这个产品与众不同，太不一样了，他也受不了，他得适应一段时间。因此企业要在消费者容易理解的部分和难理解的部分之间达成一种平衡。在哪里赚钱？就在消费者难以理解又想理解的部分赚钱。这就是你创新的方向。

4. 赢利

企业一定要赚钱，为人民服务是宗旨，利润最大化是目的，因此一定要有成本收益的核算。

美国有一家皮鞋公司，要到南太平洋群岛一个国家去打市场。派了第一个销售人员去了，第二天就发了个电报回来，说当地没有人穿鞋，没有市场。公司领导觉得挺迷惑的，又派了一个营销副经理去了，一个星期以后发回来了一个电报：说当地没有竞争对手，这个市场太大了，全是我们的。这两个人的意见很矛盾，于是又派了一个营销经理去了。营销经理转了一圈，发回来了这么一个电报：第一，当地天热，根本不穿鞋。但是当地的人，普遍有脚气，你不穿鞋，我想法让你穿上鞋。第二，当地没有竞争对手，开发市场的难度比较大。第三，当地的男女青年到晚上经常开篝火晚会，漂亮的姑娘、小伙子往往是晚会的主角。第四，当地比较贫困，没有钱，但是当地的香蕉比较多。第五，当地的部落领袖比较贪财。老板看了电报以后就明白了，因此做出了一个营销的决策。第一，要做鞋，我指导你穿鞋。第二，要做一种适合当地人的特定环境的鞋。第三，教育他们。于是将时装模特队派过去了，将美国的好莱坞电影放过去了。你看，高跟鞋多漂亮啊！第四，利用领袖的力量。既然姑娘、小伙子是晚会主角，那么就免费为漂亮的姑娘和小伙子提供鞋子，让他们穿着鞋跳舞。第五，当地的酋长贪财，就给他们送一批礼物，让他们理解我们这一切。第六，当地人没有钱，没有钱不要紧啊，你的香蕉不就是钱吗？可以交换嘛！

大家看，美国硬是把不穿鞋的市场给开发出来了，利润还是蛮高的呢！（把香蕉带回来，卖给超市，又加了一层附加值。）

第二节 营销和推销的联系与区别

首先从文字学的含义上来讲一下"营销"和"推销"。营是"经营"的意思，包含着智力和体力的投入。推销是"强制销售"的意思，一是暴力的强制，强买强卖，欺行霸市，必须买我的。二是诱骗的强制，通过三寸不烂之舌，说得天花乱坠，给大家描绘一幅美妙的图画把产品推出去，货一售出，概不退换。

现在为什么是营销时代而不是推销时代呢？推销时代的条件是供不应求，供求相当，或者供略大于求的环境。营销的条件是供绝对大于求。供绝对大于求的情况下，就是一种竞争中的交换。竞争中怎么能交换出去？那就得发现需求，满足需求。

双方的共同点都是通过销售完成交换, 实现利润的最大化。

不同点是什么呢? 营销是制造能够销售得出去的产品, 或者是叫发现需求, 满足需求。推销是销售已经制造出来的产品, 或者叫先制造产品, 再设法销售。用共产党的语言怎么表达呢? 营销就是从群众中来, 到群众中去, 用群众的真实需求来满足群众。从群众中来的过程, 叫发现需求的过程。到群众中去的过程叫满足需求的过程。推销就是用头脑中主观想象的消费者的需求去满足消费者。一旦满足不了, 便怨天尤人, 牢骚满腹, 埋怨市场不识货, 埋怨好东西卖不出去。这就是主观主义、教条主义、经验主义。不是用变化的观点来看问题, 而是用静止的观点来看问题。不是唯物论, 而是主观唯心论。换言之, 营销是以消费者为中心, 推销是以自我为中心。这是方法的根本不同点。

营销复杂吗? 营销绝不复杂, 就在我们的生活中。营销说白了是什么呢? 就是《老子》说的话: "欲取之, 必先予之"。"取"是得到, "予"是给予, 要想"得到", 一定先"给予"。发现需求, 满足需求。"得到"和"给予"相互矛盾, 但矛盾是相互转化的, 要想得到, 一定先付出, 不行春风, 哪得秋雨? 不爱别人, 怎么让别人爱你? 爱是相互的。员工想得到领导信任吗? 你就靠业绩来表现吧。你给了他富贵的追求, 你给他面子, 他一定给你面子。面子是什么? 是富贵。胡雪岩讲的"不舍不赚, 小舍小赚, 大舍大赚"。怎么才能得到? 不付出就没法得到, 小付出小得到, 大付出大得到。我们的生活中常常充满着营销啊!

大家看, 农民到别人家里怎么借钱的? 有一开始就讲钱的吗? (一开口就谈产品的业务员是最笨的业务员。) 先是东扯葫芦西扯瓢, 在聊天中, 松懈对方的顾虑, 我不是来借钱的, 你放心。然后在谈话之中, 了解你各方面的信息: 他有没有钱? 他的钱有什么用途? 会不会借给我? 等什么都判断明白了, 再提借钱的事。假若谈话中了解到他实在没钱, 你也别说。他有钱了, 有条件了, 你一说, 他不好拒绝。因此, 营销复杂吗? 绝不复杂, 它就在我们的生活当中。

张瑞敏说过一句话: "市场营销不是卖, 而是买。""买"是买顾客对产品需求的信息, "买"是买顾客对产品需求的意见。买是什么? 发现需求。卖是什么? 满足需求。买和卖是矛盾，矛盾可以相互转换。现在，经常听人说产品卖不出去，牢骚满腹。伟大的孔夫子两千年前就说过一句话："不患人不知己，患己不知人。"（《论语·学而》）什么意思？不要忧愁别人为什么还不买你的东西，要忧愁你不知道别人。你不知道别人，你不满足别人，别人能满足你吗？会买你的东西吗？你能成为品牌吗？知彼知己才能百战不殆。

《论语·学而》篇有一段话对理解营销非常有帮助。"有朋自远方来，不亦乐乎？"那么多亲戚，那么多客户都来了，家里天天有那么多客户，多高兴啊！不要觉得客户来了，就是找麻烦。客户来了，是给你送钱的，是统一战线来了。"温故而知新，不亦乐乎？"企业经常搜集信息，加以保存，建立档案管理室，经常看一看，这样一段时间下来，你就能对消费者的需求规律有一个初步的把握，这为你明天的成功打下了基础。遗憾的是现在很多企业不注意保存信息。"人不知而不愠，不亦君子乎？"老百姓不知道我，而我还没有表示出不高兴的样子。这不是人的一种修养吗？他不知道我说明我没满足他，我要千方百计满足他，我满足了他，他一定会等价交换。

因此，营销的最高境界是什么？只问耕耘不问收获，水到渠成。谁不想赚钱？谁都想赚钱，人人追求富贵，问题是怎样赚钱。发现需求、满足需求，你把这两点做到了，富贵那是自然而然的。

最后我用一个小例子来讲述。我在北大历史系工作的时候当班主任，班上有一个广州的学生，一个河北的学生，两个都是男学生，同时看上了一个南京的女学生。广州的学生各方面都超过河北的学生。但最后两年过去了，姑娘不愿意跟广州小伙子谈恋爱，愿意跟河北小伙子谈恋爱。广州小伙子吃不消，就跟我哭诉。我说很简单，你就应该被打败，因为你是推销，河北小伙子是营销。你是用自己头脑中主观想象的对方的需求去满足对方，你不就知道广州有荔枝吗？总是给人家买那么多的荔枝，她吃不了就给别人了，还送了我一部分呢！这就是花大钱没办事。那河北小伙子呢？首先发现需求，发现对方的真实需求，然后加以满足。真理永远是简单的，一旦发现了，就考虑我有没有能力满足，有能力满足赶紧满足，做到利润最大化。没有能力满足呢？那就等待或者转产，追求别的姑娘，做到损失最小化。河北小伙子经过一番观察后，觉得他有能力满足姑娘的需求，遂赶紧满足，结果是花小钱办大事，姑娘愿意跟他谈恋爱。我们说得人心得市场，得人心得天下，姑娘的需求有很多，就看你能不能满足得了她。这个姑娘一旦愿意跟河北小伙交换，马上进行"反投资"，我给你买皮鞋，我给你买西服，等等。

这就是营销的魅力。

课程回顾

一、什么是营销

1. 目标顾客的选择，即你选择为谁服务。

2. 发现顾客的真实需求并加以满足。

3. 整合营销：合适的产品，合适的价格，合适的促销，合适的分销。

4. 赢利：为人民服务是宗旨，利润最大化是目的。

二、营销与推销的联系与区别

1. 联系：都是通过销售完成交换，实现赢利。

2. 区别：营销是制造能够销售出去的产品，是发现需求，满足需求；推销是销售已经制造出来的产品，是先凭主观想象制造产品，然后再设法销售。

第八讲
顾客是上帝与上帝也会犯错误

本讲主要内容

一、如何理解顾客是上帝的真实含义

二、如何理解上帝（顾客）也会犯错误

三、如何防范上帝（顾客）犯错误

四、如何对待犯了错误的顾客

人是介于神和兽之间的一种动物，一方面，"人皆可以为尧舜"，这是人区别于其他动物的地方。人性光辉的最高境界，就是讲礼议、讲情操、讲廉洁、讲共同的理想，讲在必要情况下为了组织的利益牺牲个人，以及杀身成仁，舍生取义。另一方面呢？人一旦向犯错误的方面滑了，动物也比不上。为什么呢？第一，人有知识、有理论，聪明。人一旦用知识理论武装起来再去犯错误，那是不得了的，聪明人犯错误你都很难发现。第二，聪明人钻制度漏洞的能力强，你看不出来的问题他能看出来。第三，聪明人犯了错误，还能用冠冕堂皇的语言来兜圆。

几年前报纸上有这么一个报道说：北京市劳改局现在要求他的中层干部，在三年之内必须达到研究生水平。为什么呢？因为市场的状况在变化。对劳改局来讲，犯人是他的客户，是他改造的对象。现代社会高科技犯罪、高素质犯罪越来越多了，犯人里边有硕士、有博士、有专家、有教授，还有博导呢！假若狱警只有高中文化怎么对他进行教育？人和人是相互影响的。你固然能影响他，他也能影响你啊。我听过这么一个笑话，说一个在劳改局工作的人，给犯人上教育课，拿着教材读，读到一定程度，其中一个犯人站起来叫停。原因是说劳教干部讲错了，因为他参与了这本教材的起草。这是一个笑话，但通过这个笑话能感受到什么呢？市场在变，市场的需求在变，市场的状况在变，你也应该变，这叫以变应变吧。

　　海尔在管理上有个斜坡原理。说的是前边有企业文化拉着他走，后边有制度管理防止他滑下去，企业就是这样一拉一推，共同经营人力资本，共同推动他前进，共同提高企业的竞争优势。员工是人，员工会犯错误，顾客也是人啊，顾客也会犯错误。所以，我们一方面要坚持"顾客是上帝"的信念，另一方面也应该确立"上帝也会犯错误"的观念，这就叫两点论。

第一节　如何理解"顾客是上帝"的真实含义

1. "顾客是上帝"

　　"顾客是上帝"的真实含义就是从群众中来到群众中去，用消费者的真实需求去满足消费者。用共产党的话讲就是群众路线。你要用简单明了的语言给员工讲，讲得太复杂了，员工记不住啊！因为中国不是一个基督教国家，我们对上帝没有一个明确而深刻的认识。在西方，上帝是无处不在的，上帝是无所不能的，你不敢做坏事，你瞒得了别人你瞒不了上帝。但我们中国呢？认为见了上帝还是坏事呢！那说明到另外一个极乐世界去了。另外，中国人没有宗教的虔诚感，具有浓厚的实用主义态度。"平时不烧香，临时抱佛脚""放下屠刀，立地成佛"，合我意的就用，不合我意的就不用。在这种情况下，你想借用宗教的语言"顾客是上帝"去说服是绝对不成的，他没有上帝的感觉。

2. "顾客是衣食父母"

　　有人说："顾客是衣食父母。"这句话过去讲行，但现在不行。因为农业社会科学生产力不发达，老年人就是知识的化身，科学技术没有根本的突破，谁活的时间久谁的知识含量就高，因此，崇敬老年人就是崇敬知识。而现在呢？随着科学技术日新月异的发展，知识贬值速度很快，越年老知识贬值得越厉害。年轻人传播新知识相对更快。因此现在都崇敬年轻人吧。很多地方过了三十五岁就不好找工作了，三十五岁就老了。在这种情况下，你像对待父母一样对待客户，还不把客户打跑了？

大家可以到农村看看，儿子越多越不养老。为什么？儿子之间有攀比，说好了每年给一百块钱，但其中一个只给了五十元也没什么事，于是第二年"扩大再生产"，继续这样做。但是，天下没有不透风的墙，别的兄弟知道了也要"转产"，也要调整生产规模，也交五十元。因此，儿子越多越不养老。我们村里一个大娘讲过这么一句话："这一辈子白活了。"年轻的时候婆婆当家，每当婆婆对她不如意的时候，她心中总有一个伟大的梦想在支持着：坚持住，多年以后，她也会熬成婆婆。几十年过去了，她好不容易做了婆婆，结果时代变了，媳妇当家，媳妇对待她比婆婆对待她还厉害。因此，她感慨这辈子白活了。在这种情况下大家说，像对待父母一样对待客户，那还不把客户打跑了？

3. "顾客是亲戚"

现在应该讲什么呢？应该用中国人喜闻乐见的语言和形式来讲。我有一个学生在广东东莞做一家大酒店的总经理，他几年前是这么跟我讲的：顾客是亲戚。亲戚来了什么感觉？好酒、好菜、好礼、好照顾。为什么？碍于面子，碍于情感。如果恶亲戚来呢？（顾客也有恶顾客啊）强压怒火管他两顿好饭，让他赶紧滚蛋。为什么不和他吵架呢？在你的家门口吵架，别人会说你不好。如果富亲戚来了呢？（红楼梦有话：富在深山有远亲，穷在闹市无人理）富亲戚来了，那更是好礼、好饭、好酒、好照顾了。富人爱施舍，富人的小手指头一掰对穷人来讲就是巨大的财富。在他看来，顾客就是富亲戚，只要你把他服务好了，他把一切都会给你。他的员工明白了这话之后，在工作中就会表现出来。他告诉我，只要顾客在一段时间内连着来了两次，就会形成一个初步的档案（它是连锁大酒店）。顾客来了都感到很高兴。唉，你怎么知道我的爱好的？他有一种受尊重的感觉。他门口也有迎宾小姐，迎宾小姐说的和北方的不一样，北方的迎宾小姐总是说欢迎你，欢迎你，没有感情。他的迎宾小姐这么说：回家了，回家了! 中国人对家有一种异样的感觉，中国人对家的感觉很美好，因此他的客户听了很舒服，到了东莞，无论多远都到他这里来住。为什么? 有一种受尊重的、回到家的感觉。而且他的员工还做了发挥，既然是亲戚，就应当相互走动吧，亲戚又分外部亲戚和内部亲戚，反而管理的效率大大提高了。

第二节　如何理解顾客也会犯错误

1. 顾客犯错误很正常

为什么? 顾客也是人。人有犯错误的可能，只要犯错误的成本降低了，犯错误合算，他就有动力犯错误。当前中国犯错误的成本大大降低，因此犯错误的机会大大增加。

第一，犯错误的执行成本降低。现代化大生产，人和人以及人和机器协调的规律我们还没掌握，这样管理的漏洞自然多，漏洞多，犯错误的可能性增多，犯错误的成本低了。

第二，犯错误的交易成本低。大家看偏远的小山村，民风多淳朴啊，不是他不想犯错误，而是他犯错误的成本高。为什么呢? 重复博弈。都是一个村里的，抬头不见低头见，谁什么特点都很了解。因此他们借钱都不打借条，用得着打借条吗? 你敢不还吗? 你一旦不还了，我到处说你的坏话，让你的儿子娶不了媳妇，让你的女儿嫁不了好对象，你的代价太高了。但一旦到了大社会，流动性增强，犯错误的成本大大降低。你不认识我，我不认识你，人和人很多时候是一次性的博弈。

第三，模糊产权的传统价值观的影响。小农经济社会，个体无法保证生存，经常强调你帮我、我帮你，你的就是我的，我的就是你的，产权上是模糊的。现代社会呢? 工业发达，个人能够保证自己的生存了，他也不愿意把权力交给别人，因此他要独立，他不希望别人沾他的光。这样就出现问题了，你差了我帮你，你好了，你不帮我,能成吗? 模糊产权导致什么呢? 犯错误的成本又低了。

第四,我们是在长期的革命中形成了国家。革命是必要的,不革命不行,但是革命就会造成社会秩序的大破坏,要建立新的秩序需要相当长的时间,要建立一种新的价值观,更需要一段时间,这一段时间又导致了犯错误的成本的降低。

第五,中国广大的国土,众多的人口,包括历史悠久的文明,使现代价值观难以在短时间内建立。这意味着什么呢? 犯错误的交易成本和执行成本低,犯错误合算,因此社会短时期内有大量的人犯错误。

2. 顾客犯错误的表现

欠款不还、偷窃、无理找茬。在商业服务业,尤其是超市,顾客偷窃还是比较严重的。2000年左右,我认识一个在县城开饭店的朋友,他说下辈子再也不开饭店了。为什么呢? 顾客经常借酒撒疯,拍桌子、砸门窗、毁坏玻璃,你还要笑脸相迎,最不能接受的是只吃饭不给钱,这都是上帝犯错误的表现。

第三节　如何防范上帝犯错误

首先要提高犯错误的交易成本。那就要教育,教育界、新闻界,做共同的教育顾客的工作。这个工作是慢功夫,但是它是很长远的,它也是很深刻的。

其次,增大犯错误的执行成本,也就是说不给他制造犯错误的条件。

1. 对欠款不还者应该怎么办

采取主次矛盾分析法。你可以按照他的需求量,按照他的信誉,按照他的实力,各分为ABC三个等级,这样你的所有客户就能分为二十七个等级(三乘三乘三),明确对哪些客户应该先发货后付款,对哪些客户应该是先付款后发货,对哪些客户收部分款发部分货,你就能大大降低顾客欠款不还的可能性。当然了,你要做到这一步,必须不间断地搜集顾客的信息。搜集顾客的信息有什么好处呢? 一是建立一个健全的客户档案,不断地更新。二是能防止你的营销人员、员工犯错误。员工为什么犯错误? 他控制了客户,他垄断了客户的信息。如果企业建立客户档案呢？企业就能打断营销人员对客户的垄断，变单向垄断为双向掌握，他跳槽会拉走一部分客户，但拉不走更多的客户。

2. 对商场偷窃者，加大高科技投资

如安装摄像机，或者安装探测器。另外，安排便衣警察，来防范顾客犯错误。总的来讲，让他知道，犯错误不那么容易。

第四节　如何对待犯了错误的顾客

我们说尽可能地不要让顾客犯错误，防范顾客犯错误，但也难以做到顾客不犯错误，顾客犯了错误怎么办？

1. 要用领导者的意识看待顾客犯错误现象，要以他的水平来看待他，以你的要求来引导他，而不要以你的水平来看待他

经常听到一些企业老板讲，我对他这么好，他怎么这个样子呢？我说你不要生气，他本来就是这个样子，不是他的问题，是你的问题，你只从"应该"来想问题，你没从"可能"的出发点来想问题。顾客犯错误很正常，只要犯错误成本低了，犯错误就合算，人人都有动力犯错误。因此要以领导者的意识看待顾客犯错误的现象，要理解这种现象，要通过防范，来降低顾客犯错误的概率，这是我们努力的方向。

2. 是法律处理还是社会处理？是法律处理还是市场处理？换句话讲是公了还是私了

大家要想到，处理一个顾客的背后，是千万个顾客在看着，他们之间的心是相通的，如果处理得不好，会影响到千万个顾客对你的评价。因此假如这个人犯了错误，这个错误既可能社会处理，也可能法律处理，你就要比较两种处理结果的收益与成本。如果说法律处理的长期收益小于长期成本，还是私了的好，即社会处理。如果这个人在社会处理、法律处理之间，你不处理他，会影响到千万个人犯错

误,那就坚决处理他吧,用法律处理他。处理一个人的时候,要想到千万个人,批评也是教育群众的过程。你要明白这一点,能不能做到让人心服口服。

大家看诸葛亮是怎么斩马谡的。马谡犯了严重的错误,理应受罚。诸葛亮是怎么做的?诸葛亮首先问马谡:你是不是犯了严重错误?当初我怎么给你讲的?你为什么不听?你应不应该死?马谡说应该。诸葛亮又问:你死了觉不觉得有怨气?马谡说没怨气。诸葛亮说,那好,你放心地走吧,你老婆孩子我给你养起来。大家看,斩了马谡,全军痛哭,这不是成了教育群众的一个过程吗?如果诸葛亮一刀砍了马谡呢?大家怎么评价诸葛亮?这个人忘恩负义,这个人刻薄寡恩。这会严重影响诸葛亮的领导能力的发挥,影响诸葛亮的权威的巩固。这就是人,这就是人心,这就是人心所向。

3. 竭力避免自我执法

顾客犯了错误了,尤其是商场顾客偷窃被逮住了,店家气愤不已,可以理解,但是你要明白,政府可以执法,你做不到。打他,处分他,那是国家的事,不是你的事。

21世纪初期,南方一家超市,把一个顾客的手指切掉了四个,大家怎么评价?这是"像对待富亲戚一样对待客户吗"?你都把手指给切掉了,谁愿意上你这儿来买东西?

北京有一家超市做得更绝,把一个顾客给打死了,原因是偷了八块口香糖。事情发生之后,老板说不是我打的,是保安打的。其实,保安是你雇来的,你是法人代表,你承担对他管理的责任。老板说,我也没让他打,我让他打两拳意思意思。我说,你肯定平时克扣他们的工资了,肯定把他们批评得狠,他们再批评谁啊?只能批评顾客。好不容易有了一个,就批他吧,一个人打两拳,二十个人就是四十拳,他还不被打死了啊,影响多坏!

我的观点是:一方面坚持顾客是上帝的信念,另一方面你要明白顾客犯错误的客观存在,在坚持顾客长远利益、根本利益的同时,建立起顾客风险防范机制,以便最大限度地降低经营的风险。

早在战争年代,毛泽东就说过一句话:共产党既要反右,也要反左,而且主要是反左。改革开放以后，邓小平也说过一句话：共产党既要反右，更要反左。什么叫左？对革命前途过分地充满信心，对前进过程中发生的问题，很少考虑或者几乎不考虑，这样很容易发生风险吧！一旦发生风险，就惊慌失措，一下子从比谁都革命的左倾盲动主义，转到了对革命丧失信心的右倾投降主义。这就叫形左实右，相互转换吧。

为什么更要反左？我们是从小农社会过来的，小农社会是世世代代生活在一个小山村，由于交通工具的落后，出不去，一山一水一草一木都很熟悉，犯错误成本高，大家不敢犯。一旦到了大社会呢，犯错误成本低了，犯错误率高了，但是你的意识还没有转过来，这样就导致什么呢？顾客犯错误现象大量增加。你没有防范，自然导致损失累累。一旦遇到了损失，便对谁都不相信。因此我们一方面要坚持顾客是上帝的信念，另一方面要明白上帝也会犯错误。

我认识一个人，他是某个地区的大学招生办主任，干了三年他不干了。我跟他开玩笑讲：多么好的肥差啊，这么多人都想干，你干吗不干了？他说你不知道，我再干下去，你就到监狱里去看我吧。我说什么意思呢？他给我讲：海关关长，包括大学招生办主任，这些角色本身都是有可能进监狱的角色。为什么呢？全国人民都盯着他，盯着他的弱点，研究如何把他拉下水。竞争对手也盯着他，犯了错误赶紧举报他，这么多双眼睛盯着他，群众的眼睛那么亮，你还敢干？接着他又说了，人非草木，孰能无情？谁也不是钢铁，都是血肉之躯，顶了三年，顶得差不多了，再顶下去，就顶不住了。

因此，我们说企业轮岗好不好？营销人员轮岗好不好？这是挽救干部，挽救营销人员的一个很好的办法，尤其适合于我们中国。

课程回顾

一、如何理解"顾客是上帝"的真实含义

1. 从群众中来，到群众中去，用消费者真实的需求，满足消费者。

2. "顾客是上帝"在中国缺乏宗教基础，"顾客是衣食父母"现时年代已不再适

宜, 推荐 "顾客是富亲戚" 的说法。

二、如何理解上帝 (顾客) 也会犯错误

1. 人人都会犯错误, 顾客是人, 所以顾客犯错误是正常的。

2. 顾客犯错误的表现: 欠款不还, 偷窃, 无理找茬。

三、如何防范上帝 (顾客) 犯错误

1. 提高顾客犯错误的交易成本。

2. 提高顾客犯错误的执行成本。

四、如何对待犯了错误的顾客

1. 用领导者的意识看待顾客犯错误现象。

2. 法律处理还是社会处理的斟酌。

3. 竭力避免自我执法。

结论: 一方面坚持顾客是上帝, 另一方面明白顾客也会犯错误。

第九讲
需求及其在生活中的应用

本讲主要内容

一、如何理解需求的定义

二、需求的层次分析

三、顺应需求与创造需求

前 几讲多次提到"营销的本质是发现需求,满足需求""得人心者得天下""得人心者得市场"。那么人心是什么?需求又是什么?这两者是什么关系?在我看来,人心就是需求。所谓得人心就是发现需求,满足需求。什么是需求?需求就是一种缺乏状态。因此,所谓的发现需求就是发现缺乏,满足需求就是满足缺乏。所谓商机就是老百姓没有被满足的机会,哪里有未被满足的需要哪里就是我们做生意的机会,哪里有未被满足需求的空间哪里就是我们做生意的地点。

第一节　如何理解需求的定义

1. 需求是不断变化的

已经满足了的不是缺乏,未被满足的才是缺乏,一个满足实现了,下一个缺乏又出来了，人们总是在不断的缺乏与满足缺乏当中前进着。因此大家应当用变化的观点来看待消费者的需求。

我在这讲一个例子，这例子很形象也很典型。山东出过一个大牌的节目主持人，叫倪萍，20世纪90年代时，她做演员还不是很出色，但一做主持人，很短的时间内就成了全国最王牌的主持人之一，得到了全国人民最热烈的支持和响应。在主持人的位子上这是很难做到的。和以前的主持人相比，她满足了消费者哪方面的需求？在我们很多人看来，就多了一点，倪萍比别人更会笑，笑得阳光灿烂，笑得一下子拉近了人和人之间的距离，笑得大家都很开心。什么叫好？观众高兴了就叫好。以前的主持人呢？虽然也在主持，但是冷若冰霜，不怎么笑。倪萍这一笑，一下子增加了新功能，一下子满足了全国人民的需求，成为王牌的主持人。

但是几年过去了，人们对倪萍的抱怨也开始多起来了。我的学生曾经问我：你喜欢谁的节目？我说喜欢倪萍的节目。他就笑了，我看他笑得有名堂，就问他喜欢谁的节目，他说喜欢杨澜的节目。杨澜好比倪萍的一个竞争者。当时，他跟我讲：周老师，你知道现在什么人喜欢倪萍的节目吗？没文化的人和居委会的老大妈、老大爷们。（按他的逻辑，我也成了没文化的人了）

我们再来分析，杨澜比倪萍又多了什么呢？杨澜就在倪萍会笑的基础上又多了一个自然。北京的老百姓有的这么评说倪萍，说她是假笑，是堆起来的笑，是皮笑肉不笑，是演员那种做作的笑。而杨澜笑得自然，笑得纯真。看，倪萍又不纯真了！你说是什么发生了变化？倪萍还是以前那个纯朴的倪萍，她没有变化。变化了的是什么呢？变化了的是消费者的需求，旧的缺乏满足了，新的缺乏又出现了。人们希望企业能不断地开发新产品，主持人这个产品当时的竞争就是在笑上，倪萍比别人更会笑，但是杨澜比她又更上了一层楼，逼得倪萍没办法，只好去北京大学历史系读研究生了，后来听说也没读下去，回家生孩子去了。因此企业应不断地通过学习提高，不断地增强开发新产品的能力，包含有形的新产品、无形的新产品。

2. 任何产品都有季节性，人的需求随季节变化而变化

羊绒衫是保暖的高档产品，但人们夏天绝不买羊绒衫。因为，夏天天热，我要解决眼前的驱热问题，冬天还远着呢。这说明什么？人更多地看眼前利益，但人本

质上是追求长远利益的，因此，企业对员工要不断地进行教育，对顾客不断地进行广告宣传。你三个月对内不宣传，员工就忘了你，你三天对外不宣传，顾客就忘了你。你宣传少了都不行，这就是人的本能。

3. 需求的本质是缺乏

人的缺乏有很多方面，但最主要的是两点：第一点是最想得到的，第二点是最怕得到的或最怕失去的。生活中不是有这么一句话吗，永远得不到的或者永远失去的，是最宝贵的。永远得不到的就特别想得到，永远失去的最害怕失去。他最想得到的你要满足他，他最怕失去的或者他最怕得到的，你得帮助他消除。员工有后顾之忧，经销商有后顾之忧，最终顾客（消费者）也有后顾之忧，你不仅要满足他最想得到的，还要将他的后顾之忧解除掉，你把这两点做到了，你基本就能得到他的满意。

得到老百姓的支持是有道（规律）的，即得道多助，失道寡助。你能得到老百姓的支持，老百姓就最大限度地支持你，你能满足老百姓的需求，老百姓就最大限度地拥护你。你怎么才能得到老百姓的支持？必须发现、满足老百姓的需求。

孟子说过，"得其心有道，所欲与之聚之，所恶勿施尔也。"（《孟子•离娄上》）什么意思？得到老百姓的心是有规律的。即大家不喜欢的不要给他，大家喜欢的要给他。

第二节　需求的层次

需求可以分成三个层次：需要；欲望；有效需求。

1. 什么是需要

需要就是人类感受到的缺乏状态。人类缺乏什么？孔子说过一句话，人这一生忙来忙去就为了两个字：富贵。"富与贵，人之所欲也……贫与贱，人之所恶也。"（《论语•里仁》）

美国的马斯洛在这个基础上做了更进一步的细分，他把人的需求分成五大层次。

（1）第一层次：生理的需要。一方面是衣食住行的满足，这是人生存的最基本的条件。另一方面是婚姻的满足，"食色，性也"。（《孟子•告子上》）现在的很多企业都承担着为企业的员工，尤其是骨干员工找对象的任务。三十好几了还找不着对象，干活还有什么劲啊？你不能帮助他找个对象，他的需求没有得到满足，那么在工作上，他的工作积极性就受到影响，大家可能会说这不叫企业办社会吗？万事万物都是有条件的，假如说这些事情社会不能办，影响你企业的效率，只好你企业来办。有一部电视剧很有名气，叫《激情燃烧的岁月》，石光荣的太太是谁找的？是共产党组织给找的吧！石光荣把命都交给共产党了，三十好几了还没找对象。我们党还真是伟大，石光荣还没有提出要找对象的需求，伟大光荣正确的党就先为他想到了。这叫什么？雪中送炭，能得到别人最大的拥护，这是做人的最高境界。

（2）第二层次：安全的需要。即人身的安全和财产的安全。大家看城里防盗门越来越多了吧，为什么？人身安全、财产安全的保证。现在的保险业发展的空间也越来越大了吧，人民富了就强调人身安全和财产安全，保险业就是满足人们安全方面的需求的。我记得十年前保险业很难发展，保险的业务员到处找人，人家都不理他。现在呢？情况发生了很大变化。过去人穷，穷人更看眼前利益。现在人富，都想长寿！前些年，北京市做过一次统计，现在人们的健身运动高潮起来了，尤其是老年人，北京的老年人平均每天锻炼3.5个小时，追求长寿了，看长远利益了，因此对保险的需求便增长了。

（3）第三层次：社交的需要，又叫情感的需要。情感需要是什么呢？上下级关系的和谐，同事关系的和谐，家庭朋友关系的和谐。大学生为什么在企业中待不住？是因为你给他的工资低吗？不是，是因为在你这里过得不舒坦：企业排外。企业为什么排外？仍然沿用原来的生产制度和文化形态，没有建立起以能力、以业绩为导向的新的员工评价体系。大学生是什么人？大学生是跟企业没有感情瓜葛但有技能的人，企业的老员工跟企业有感情瓜葛，但是技能可能不高。如果讲感情导向，老员工占便宜。如果讲业绩导向，大学生占上风。在企业没有转变的时候，大学生在这里就觉得过得不舒坦，虽然拿着高工资但过得不舒坦，因此他要走人要跳槽。中国古代讲"礼贤下士"，要用尊重的态度对待知识分子。老百姓轻易不会跳槽，为什么呢？他的工作技能相对是简单的，离开了这个工作，到别处难找工作。大学生呢？离开了这个工作，到别处好找工作，因此跳槽的动力强。你怎么把大学生留住？你要明白他追求什么，然后加以满足。

（4）第四层次：地位、荣誉的需要。追求被表扬、被提拔等。当今社会，企业家做政协委员、人大代表的越来越多。什么原因呢？物质满足了，追求精神生活的体现。

（5）第五层次：自我价值的实现。什么叫自我价值的实现？就是要把老天爷给我的天赋最大限度地发挥出来，做到在空间上声名远播，全世界都知道；在时间上流芳百世，永垂不朽，光宗耀祖。到这个时候，他的幸福已经不是建立在个人富贵的基础上，而是建立在他人富贵的基础上，这就得以他人的幸福作为自己幸福的条件。企业家到这个时候，境界便升华了，高尚的社会责任感就体现出来了，中国很多企业家现在到了这个层次。有的企业家讲，我的钱几辈子都够花的了，我为什么还干？我一个人富不行啊，我还要让我身边的人富裕起来。这就叫有一种社会责任感。

2. 什么是欲望

欲望就是需要的具体的满足形式。欲望的实现与两方面有关。

一是与自然地理气候有关。像海南岛的人，肯定对皮衣不感兴趣，对拖鞋啊，T恤衫啊感兴趣。东北呢？肯定对皮衣更感兴趣。这就是自然地理气候给人们造成的需要差别，即欲望的差别。

二是经济发展水平不同给人们带来的欲望的差别。比如说，海南岛需要T恤衫，过去使用中低档的，现在需要高档的。

人有同样的需要，但是满足的形式是不一样的。比如说，在山东饿了，要碗面条，吃碗水饺。在南方饿了呢？要一碗扬州炒饭。在西北饿了呢？可能要一碗羊肉泡馍。需要的满足形式是不一样的。这告诉我们，企业要不断开发新产品，要不断寻求目标顾客，要不断研究消费者欲望产生的具体形式。

人的需要就那么几个，生理需要、安全需要、情感需要、地位需要、自我价值实现，但满足需要的具体形式是变化多端的。

3. 什么是有效需求

有效需求就是有购买能力的欲望。也就是说，我这个欲望能够加以实现。所谓发现需求，不仅需要发现消费者需要什么样的产品，还要发现消费者有没有购买能力。需求的特点有以下几个：

第一，人总是有需求的。一个需求满足了，下一个需求又出来了。

第二，需求是分层次的。生理需求、安全需求、情感需求、地位需求、自我价值实现。

第三，需求是可以诱导的。一个需求满足了，下一个需求是什么？他往往自己也不知道，但是你一旦提供出来，他马上会想，这是我所需要的。因此发现了消费者的需求固然不容易，将他的这种需求诱导出来，照样不容易，说明广告的重要性。

第四，需求是复杂的，上去了还会下来。人年轻的时候更需要荣誉；年龄大了，缺钱了，更需要物质；经济高潮的时候，人钱多，更追求荣誉；经济低潮，缺钱花，更追求物质，因此需求上去了还会下来。因此大家要用变化的观点看待需求。

第三节　顺应需求与创造需求

1. 高效率管理的秘诀之一，是顺应需求

什么是顺应需求呢？当人们对某种产品有明显的追求的时候，就要满足他。满足又有三种方式：

第一种是雪中送炭。我们党对石光荣的关怀就是雪中送炭。

第二种，提出了要求，你有能力加以满足。

第三种，别人提出的要求你有能力满足，但要过一段时间再满足，净惹别人不高兴。

同样是满足了，但是人家的评价不一样。一个是感谢，一个是满意，一个是骂

人。因此营销是什么呢? 合适的时间,合适的地点,将合适的产品送给合适的人。

2. 高效管理的秘诀之二,是创造需求

什么叫创造需求? 当人们对某一种产品没有明显追求的时候,要制造缺乏,要把人们的需求挖掘出来。现在很多企业都头疼创业元老啊! 过去追求富,现在富实现了,再怎么办? 不知道怎么调动他们的积极性了。

广东星艺装潢装饰公司的老板在这个问题上处理得很好。他的办法就是制造缺乏。他把中层干部拉到北京,拉到北大、清华去读书。我问他,你花这么多钱何必呢? 干吗不把老师都请过去啊? 他说你说得有道理,但跟我想的不一致。这些人,是我从江西武宁县带出来的,就因为缺乏财富才出来,没见过大钱,挣个十万二十万就满足了。我把他们带到北京来,看看人家北京人挣多少钱? 人家挣那么多钱还在干,你挣那点钱算什么呀? 要让他对北大、清华有一种羡慕,羡慕不就是挖掘、制造缺乏吗? 另外他说,小地方出来的人见人就害怕,没胆量,把他拉到北大、清华来读书,让他看看,全国最聪明的人都见过,没什么了不起吧? 他胆量就出来了。将来我到美国搞国际化的时候,还要把他带到纽约去读书,看看美国人怎么生活,制造最大的缺乏,再培养他的胆量,美国大鼻子都见过了,还怕谁啊? 这就叫制造缺乏。

大家再看,知识分子的职称制度,也是旨在制造缺乏。改革开放之初,邓小平只是给知识分子摘掉了臭老九的帽子,知识分子满意,但满意不等于能将自己的积极性全部调动起来,邓小平的办法是什么呢? 恢复职称制度。提了助教还想当讲师,提了讲师还想当副教授,提了教授还想当博导,提了博导了还想当院士,当你当了院士之后,差不多也六十多岁了吧,潜力就被开发出来了。

一个组织怎么才能有效率? 一是流水不腐,有开除工人的权力,增强他的危机意识;二是内部划分几个等级,不同的等级不同的待遇,等级之间相互流动。最后达到什么效果呢? 先进更先进,后进赶先进。得到富贵的人不想失去吧,没有得到富贵的人,拼命想上去。你不给他制造缺乏,他看不到,就没有奋发向上的动力。我觉得需求原理对我们的日常工作非常有影响,希望大家好好运用需求原理,发现需求,尽快加以满足,没有需求,要创造需求,并加以满足。

课程回顾

一、如何理解"需求"的定义

1. 需求就是一种缺乏状态。

2. 人的需求是不断变化的。

3. 任何产品都有季节性,人的需求随季节变化而变化。

4. 需求的本质是缺乏。

二、需求的层次分析

1. 需要:人类感受到的缺乏状态。

2. 欲望:就是需要的具体满足形式。

3. 有效需求:有购买能力的欲望。

三、顺应需求与创造需求

1. 顺应需求:人一旦有了需求(正当的),应设法加以满足。

2. 创造需求:当人对一产品没有明显的追求的时候,要创造缺乏(需求),并加以满足。

第十讲
从适应市场、引导市场到领导市场

本讲主要内容

一、需求的分类：现实需求与潜在需求

二、如何适应市场、引导市场、领导市场

人有五个层次的需求，这五个层次需求，人同时都具有，只不过是哪一个更加重点而已。当我们在满足消费者需求的时候，要考虑他的重点需要，同时还不能忽视他的次要需要，这才是我们应该注意的。整个营销学的核心观念就是需求，营销的本质是发现需求、满足需求。

企业是跟方方面面交换的，最终是跟客户的交换，有一个交换实现不了，你最终的交换就完成不了。因此企业家是什么人？眼观六路、耳闻八方，要方方面面都满意，只不过让有的人更满意，让有的人一般满意，让有的人最低限度满意，让有的人在不满意的情况下不满意程度最小化。物质上不能让人满足，还有张嘴巴嘛，说句好话让人爱听。有的人得故意让他不满意，传递一个信息让他改正，这指的是批评。

对员工、对经销商、对最终客户管理都要讲究表扬和批评的结合，奖和罚的结合，这符合哲学的道理。竞争者的弱点是什么呢？对消费者的需求没有充分满足的地方。竞争对手可能没有意识到这一点，你就得利用他犯错误的机会抢先进入。当人的旧的需求满足了，新的需求又没有马上产生的时候怎么办？你应当制造一个缺乏状态，引导一个需求，并加以满足，当然了，这个需求是建立在符合他的追求基础上的。

山东文登有一个做得很不错的企业家，他的中层干部越来越富了，他不知道怎么领导他们了。小富即安嘛！他的办法是什么呢？他也引用制造缺乏的道理，但他引用得不高明。他是这么做的：你不是有钱了吗？不想干活吗？我引导你买房子，一旦买了房子又没钱了，就得好好干。买了房子又有钱了再怎么办？又引导你旅游。一旦旅了游又有钱了，又不想好好干了。又引导他干什么干什么……最后他自己都头疼了。我给他讲很好办，伟大的孔夫子讲，人富了就追求贵，但人富了并不必然达到贵。需要教育，教育他承担起与他的财富相适应的社会责任，将他引向实现自我价值的方向上去。这才是最终的引导。

第一节　需求的分类：现实需求与潜在需求

什么是现实需求？对现实生活中已经存在的产品的需求。比如说现在外面下雨，他一定对雨伞有需求，谁能够提供雨伞就能赚钱，问题是能满足雨伞需求的人太多了，大家都提供雨伞很快就饱和了，只能挣一个辛苦钱。

什么是潜在需求？对现实生活中还不存在的、但将来会需要的、会存在的需求。比如说现在很多人想抽烟，但是又怕抽烟影响身体健康，于是便感叹：要是有一种不含尼古丁的香烟多好啊！哪有这种香烟？如果你能向这方面努力，哪怕有一点点进步，人们也支持你、也拥护你。为什么呢？你是第一个向这方面努力的人，虽然你开始的质量还不很可靠，但你毕竟先走了可贵的一步，这个产品别人还没做你先做了，这就是垄断状态。垄断的特点是什么？质量低、价格高。满足现实需求，就是一个完全竞争的状态。完全竞争什么特点？质量高、价格低。因此消费者没有不喜欢竞争的，在竞争当中消费者得到最大的利益。

一般意义上讲，企业很少有喜欢竞争的，企业都喜欢垄断，在垄断中企业得到最大的好处。只有在一种情况下企业喜欢竞争，即市场很难开拓，一家企业打不开市场的时候。他希望更多的同行参与,共同来开发市场。什么是成功的企业家?成功的企业家是不断从一个垄断状态,到达另外一个垄断状态的人。竞争的最高境界是什么?是垄断。垄断就是无竞争状态。无竞争状态就是最大的竞争优势的状态。

企业为什么拼命开发新产品?我做了你没做,这就叫垄断。我做了他后边就模仿怎么办?起码一段时间是个垄断,即使是他模仿了也是一个差别垄断状态,等大家都做了,你已经把钱赚得差不多了。你把对市场潜在需求发现的眼光培养出来了,你再去开发新的潜在需求。

早在两千年前,春秋战国时代,中国出现了一个商家学派,专门研究怎么经商赚钱。他们认为必须在买贱卖贵之间赚钱,即购买的价格低,需求的价格高才赚钱。什么时候能赚最多的钱?在价格的最高点出售,在购买的最低点购买。问题是我怎么能知道这个价格的最高点呢?他们(商家学派)说通过观天象就可以看到。为什么呢?因为农业社会价格是由粮食的供求决定的,关键是由供给决定的。供给又是由天气决定的。天气能不能观察出来?通过观天象能观察出来。通过观察天象,如某一颗星位置在哪里,就能判断出气候会怎么样。判断出气候,就能判断出粮食产量,知道粮食产量,就能预测价格会怎么样。因此就提前做准备。

他们(商家学派)有一个说法叫"旱则资舟,涝则资车"。什么意思呢?大旱天的时候要买船这种东西以预备大涝的发生,因没人买自然价格最低,一旦涝来了,大家都没准备,自然能够以最高的价格销售。而在大涝的时候,要预备干旱时候的产品,大家都不购买,自然价格很低,等到大家需要了,因没人提供,自然价格很高。这样一买一卖之间,就能得到最大的回报。因此商人是需要学问的,需要观察社会环境的变化对消费者需求的影响。

中国《孙子兵法》有句话叫"出其不意,攻其不备,避实击虚",还有一句话叫"行千里而不劳者,行于无人之地也""攻而必取者,攻其所不守也"。什么意思呢?不就是取得最大的竞争优势吗?什么叫出其不意?别人没防备我打了他,我就确立了最大的竞争优势啊!什么叫避实击虚?我虽然弱,但这个地方他没防守,对我来讲从这里通过就是确立最大的竞争优势啊。长征当中有一个镜头,毛泽东主张爬雪山过草地,刘伯承说了一句话,这是招险棋也是招高棋啊!为什么呢?国民党不会想到共产党要爬雪山，相对于竞争来讲就是最大的竞争优势。这就是毛泽东的发现潜在需求，避实击虚的战术。

海尔在1995年前后兼并了青岛夏普洗衣机厂（被兼并的企业都不会是经营特别好的），正常的状况下，它两年能将这家企业转向正轨就不简单了，但是它当年就做到了全国前三名。靠什么？靠开发了一个新产品：小小神童洗衣机。怎么开发这个小洗衣机的呢？业务人员在回家的路上和客户聊天，客户说要是有一种省时、省电、省水的小洗衣机多好啊！（顾客想象不到这个产品什么样子，经常用一种"多好啊、多好啊"来表达）他们回来以后就赶紧分析，发现这个需求是有前途的，真正开发只花了一个月，技术很简单，参考电饭煲的外观，做了这么一部洗衣机，初期的质量是不可靠的，但是由于满足了社会需求，一上市就引得社会疯狂地抢购，当年就做到了前三名。这种产品两年后别的洗衣机厂才做，两年时间不就是最大的垄断状态？

企业发现潜在需求能够得到最大的利益，那么生活中你能发现潜在需求也能得到最大的利益。汉高祖的时候有个宰相叫陈平，陈平是个大英雄，人很聪明。但是英雄也有落难的时候啊！秦始皇统一天下之后，不需要那么多的读书人出谋划策了，很多人当了农民，他读了那么多书不愿意做农民，不愿意做农民又没吃没喝的，怎么办呢？他就到他哥哥家蹭吃蹭喝的。哥哥和他有血缘关系还能理解，嫂子和他是社会关系就不能理解啊，因此嫂子经常在他吃饭的时候，指桑骂槐地骂他，但陈平是大英雄，具有坚韧不拔的毅力，你说你的，我吃我的。吃得饱饱的，养得胖胖的，但是他的名声坏了。名声不就相当于品牌吗？成了劣等品牌。男大当婚，女大当嫁，到找对象的时候，他找不到对象了。村里的姑娘，他几乎求遍了，未婚姑娘没有一个愿意嫁给他。大家就一个理由：男怕入错行，女怕嫁错郎。在农业社会，科学技术不发达的年代，重体力劳动是先进生产力的代表，女人离了男人不能生活。你（陈平）连自己都养活不了，能养活我吗？因此不能嫁给你。失败是成功之母，在不断的试错过程中，陈平逐步修正了对自己的评价。原来觉得自己很高，现在一步一步正确地认识到了自己是身价不高的劣等品牌，因此他就转而追求一个死了五个丈夫的寡妇，这个寡妇名声也不好，也算个劣等品牌。（2000年前人们的迷信观念更强，叫"克夫"）我们不能做到强强联合，就弱弱联合吧。问题是她也不愿意跟他联合。在这个寡妇的家庭会议上，家人一致赞成不能嫁给他。但是这个寡妇的爷爷力辟众议，坚决要求他的孙女嫁给他。他说了一句话：我在他们家门前发现了车辙（也就是马车、牛车的车印子）。

农业社会是等级社会，只有郡县衙门的官员才有马车、牛车。郡县衙门的官员偶尔来一次，说明他犯了错误，来逮这个小子。经常来说明什么？说明他有学问，郡县衙门的官员向他请教，赢得了上面人的信任。被上级欣赏的人能在家里待得下吗？因此老太爷讲，这个人肯定是做官的人。他对他的孙女讲：赶紧嫁过去，抓住机遇，迎头赶上，过了这个村，没有那个店，做到低成本扩张。于是，寡妇就听她爷爷的话，嫁过去了。几年时间不到，农民起义爆发了，陈平先跟着项羽，后跟着刘邦，一路冲冲杀杀，打出了一个新国家——汉王朝的建立。先是做国务院管经济工作的第一副总理，后来一直到了国务总理。寡妇的命好，被封为一品诰命夫人。这个老太爷呢？自然也有享不尽的荣华富贵。

司马迁在《史记》当中，反复地讲这个老太爷，说老太爷真有眼光，眼光真"毒"。他怎么就看得那么准呢？伟大都来自于平凡。问题就是他在别人熟视无睹的现象当中，看到了不一样的东西，因此发现了潜在需求。加以满足后，就得到了享不尽的荣华富贵，享不尽的高额垄断利润。

第二节　适应市场、引导市场到领导市场

生活中有一句话：市场需要什么，就满足什么，这个话对不对？应当说这个话有相当的道理，但很多企业讲，我就是按照市场需要什么来做的，却总是步步被动。为什么呢？因为等市场的需求表现出来成为现实需求了，你再满足它，总是要准备一段时间，准备成熟了，最多赶个市场尾巴，甚至连尾巴都赶不上。因此，应该发现潜在需求！也有一种可能，准备好了，市场还没成熟怎么办？创造条件。

创造条件的办法是什么呢？一是直接适应消费者，二是间接适应消费者。在这里我讲一个直接适应的例子。比如说肯德基公司到南太平洋群岛一个国家去开发市场，当地特别热，谁愿吃这个炸鸡？最初没有人买。后来他就发现当地人喜欢

喝冰镇的可乐。因此他就顺应人们的这个追求，在可口可乐上做文章。最后打出了一句广告词："喝着可口可乐，吃着肯德基，味道最鲜美"。于是靠可口可乐把它带出去了，这就是直接适应。

再讲一个间接适应的例子。美国奶粉怎么进入中国市场的？美国奶粉价格挺高，20世纪90年代的时候，平均一百三十块钱到一百四十块钱一袋，国产奶粉也就十块、二十块钱一袋。正常的情况下，中国人的收入不高，应该喝中国奶粉。因此美国人怎么也打不开中国市场，于是，美国就在中国市场做大量的研究。

美国人研究发现，中国人特别爱孩子，"为了下一代，愿把牢底坐穿""再苦不能苦孩子"。中国人对养育孩子是有一种高尚的责任感的。另外，人穷的时候，最喜欢别人免费送东西。因此他们（美国人）就免费给妇产医院送奶粉，中国人很高兴。刚出生的孩子是没有味觉的（孩子的味觉是锻炼出来的）。孩子最初适应了什么样的味觉，他就产生一种长期保持的惯性。美国的产品在中国，包括他的可口可乐，包括他的麦当劳、肯德基，都在做儿童的文章吧。为什么？大人的口味很难改变，于是就改变儿童，甚至改变新出生的孩子，这就是"美帝国主义的和平演变"。一旦孩子适应了，不吃都不行，你能看着他哭吗？孩子的口味特刁，给他喝国产奶粉不喝，吐出来了，哇哇地哭。怎么办？再苦不能苦孩子，再穷不能穷孩子，只好让他喝（美国奶粉）。

我再讲一个反面的例子。我曾经给咱们国家的一个著名的葡萄酒公司做过项目规划，这个葡萄酒公司是做干白的，卖得很好。但从1998年年底从广东传来一种时尚：不喝干白喝干红了。为什么？中国人民开始发展股份公司了，都说"分红""分红"的，哪里有"分白"的？另外，最初是全方位学外国，学到一定程度，就和传统文化结合吧，中国人民更偏爱红颜色，广东人喝干红，全国人民也跟着喝干红，不喝干白了。不久，他们公司的干白葡萄酒堆积如山，卖不出去。老总听了我的课，就请我和我的领导郑学益教授一起去做营销规划。我去了以后，老总就对我们抱怨：中国的消费者哪会喝酒？葡萄酒要一口一口啜，我们的消费者呢？大杯大杯地干，他们哪会喝酒？另外，十粒葡萄一粒葡萄汁。而我们的消费者却往里面倒水、倒雪碧、倒可乐，早知如此，我两粒葡萄一粒葡萄酒，我干吗做得那么好？我跟他这么说的：假如发发牢骚，可以理解，但如果真的那么想，你就有问题了，你还是卖不出去。为什么呢？你是用"应该"来要求人，而不是用"可能"来看待人。你是用你的水平来要求他，而不是用他的水平看待他。我说幸亏他（顾客）不会喝，如果他会喝了，他就做了，还用你赚钱？你要引导他，教育他。首先你要承认当前中国消费者消费的合理性，他们为什么大杯大杯地喝酒？很简单，中国人自古以来的酒文化是白酒文化，就是大杯大杯地喝。你得承认他、适应他。中国人喝葡萄酒为什么往里面倒水、倒雪碧、倒可乐？中国的葡萄酒自古以来就是甜的。太酸了他受不了，当然要倒水了，要稀释一下了。我曾经问过一个医生，这个医生是这么解答的：外国人吃肉，属食肉动物，食肉消化不了，就需要喝点酸东西。中国人食草，属草木动物，吃酸受不了。我不知道他讲得对不对，反正是你得承认中国人消费的合理性，你得去适应，甭管他怎么喝，只要喝了，就是追求光明，追求进步，在喝的基础上，上了瘾了，就能引导他，一旦他适应了，你就能随心所欲地引导他喝。什么女士干红、儿童干红、老人干红，你随心所欲地开发，市场已经成熟了。

我们应该向毛泽东学习。毛泽东和王明有一个共同点，都是打破私有制，建立公有制，建立共产主义。不同点在哪里呢？毛泽东说要打破私有制，一定要先承认私有制，一定要先适应私有制，必须承认私有制在当时中国的合理性，因此土改时他（毛泽东）要"打土豪、分田地"。抗日战争时期不能分田地了，提出"地主减租减息，农民交租交息"。解放战争时期，提出"打老蒋，保田地"。抗美援朝时，我党的宣传口号是"抗美援朝，保家卫国"，注意是"保家卫国"，而不是"保卫国家"，要让个人的需要和组织的目标结合。共产党伟大就伟大在这里，而王明提出"保卫苏联"，连自己的家都不保卫，还保卫什么苏联？显然是对牛弹琴。这就是适应，在适应的基础上加以引导。个体组织规模不经济性吧，因此引导农民走互助组、合作社道路，在合作制的基础上，引导中国人民走向了共产主义的阳光大道——人民公社。人民公社的宣传口号是"楼上楼下，电灯电话"，人们追求的是幸福生活。

毛泽东是中国开天辟地五千年以来，第一个在十几年的时间内成功地把中国从一个土地私有制国家发展成土地公有制的国家的人。是不是适应市场、引导市场到领导市场？甭管后面历史的评价如何，从营销学的意义上他确实做到了适应市场、引导市场到领导市场，毛泽东是一个非常懂得方法论的伟大的领导者。

课程回顾

一、现实需求与潜在需求

1. 现实需求：现实生活中已经存在的产品的需求。

2. 潜在需求：现实生活中尚不存在，但将来会出现的需求。

3. 满足现实需求只能挣得一般利润，而满足潜在需求可获得高额垄断利润。

二、从适应市场、引导市场到领导市场

1. 在直接适应消费者消费习惯的基础上，引导他们消费生产者提供的产品。

2. 在对消费者的消费习惯无法直接适应的情况下，不妨采用间接适应的方法引导消费者消费生产者提供的产品。

第十一讲
怎么发现需求，满足需求

整个营销学的核心就在于发现需求、满足需求，本讲将围绕这一主题展开讨论。

第一节　如何从现实生活的蛛丝马迹中发现需求

1. 发现需求的条件是什么

认真研究生活中成功的企业，成功的人，你就会发现他们这些人有一些共同点。

第一，热爱生活，观察生活。一个不热爱生活的人不会观察生活，而不观察生活的人不可能感受到生活的变化，不可能感受到生活的变化对他的行业的影响，不可能感受到生活的变化产生出来的很多的机会，以及带来的威胁。

第二，有一定的技术知识或社会经验。没有一定的技术知识或社会经验，就不能感受到生活的变化，也不知道生活的变化对你的行业的影响是什么，这样在社会的变化和行业的发展之间就没法结合。

第三，具有普遍联系的概念。万事万物是普遍联系的，冰山的一角倒了，整个冰山都会倒掉，无非是先和后的关系问题。现在很多医生看病就看你的手，通过脉搏跳动就可以看出你目前的身体状况如何。世界是普遍联系的，有本质就会有现象。过去看进士走路，凡是昂首挺胸走路的肯定是少年得志，很小就当了进士，弯着腰走路的那肯定是老年进士。因为感受到生活的煎熬，感受到生活的压迫，感受到那么多的不如意，所以才能比较谦虚。

通过日常行为就能看得出很多人的人品来，他的行为就提供了很多信息。因此我们从生活的一个方面的变化，就可以去分析判断其他方面的变化。怎么分析判断呢？逻辑推理。从因为所以，又因为又所以，再因为再所以入手，最终得到一个有价值的结论。陈平的太岳父为什么能发现陈平这么一个潜在的人才，而且做到低成本扩张？第一热爱生活、观察生活，他看到了车辙。别人也看到了，但唯独他从车辙当中看到了其他的变化。另外，他有一定的技术知识或社会经验吧？他知道被上级欣赏的人是在家里待不下的。车辙意味着什么？上面的人来看他。门前经常有车辙，意味着上级的人经常来看他，显然是欣赏他的学问。被上级欣赏的人能在家里待得下吗？那肯定是做官，无非是早一天还是晚一天。大家都没发觉他的价值，他先发现了，赶紧投资吧，他把他的孙女嫁过去也叫投资。

2. 从生活的蛛丝马迹中发现需求的关键点是发现不寻常的地方和发现反常的地方

"常"是常规，不寻常、反常就是异于常规的地方。"常"叫矛盾的普遍性，不寻常、反常、逆于常规的地方叫矛盾的特殊性。具体情况具体分析，是马克思主义的灵魂啊。矛盾的特殊性恰恰是事物发展的内在根据呀！从矛盾的特殊性入手，从不寻常、从反常入手，往往能得出非常有价值的结论。

我讲一个晋商曹家大院的故事。晋商就是山西的商人，在明清时代山西是很发达的。晋商有个曹家大院，兴旺了三百多年。你现在不是要做百年老店吗？它兴旺了三百多年。它的分公司就有二百六十多个，当时叫分号。其中中国内地的分公司一百六十多个，在外国建立的分公司一百多个，中国雇员两万多人，海外雇员一万多人。谁说我们现在才有了跨国公司？历史上就有跨国公司。曹家大院在辽宁朝阳有一个分公司，分公司的经理因为交通不便，三年回一次家，不像现在业务员一个月回一次家。话说他在三年期满回家的路上，要到高粱地里去解手。在方便的过程中他也不忘了摸弄庄稼，忽然发现了成长的庄稼里边有虫子。有虫子意味着什么？庄稼长得不好，粮食要歉收。供给的需求已定，供给减少，物价将飞涨。现在囤积一些粮食将来能赚大钱，这是不是叫普遍联系？于是他解完手也顾不得回家，赶紧跑到周围的高粱地里去看，发现都有虫子。于是决定不回家了，调头回到自己的分公司总部。发动员工在保密的前提下，到周边高粱地里去调查，发现都有虫子。于是用特快专递的方式（当时叫快马），回太谷总部做汇报。太谷总部赶紧在黄河以北做调查，发现都有虫子，更加确切了，今年粮食要歉收，物价飞涨，囤积粮食可以赚钱。本来物价就涨，再囤积一批粮食，又人为地制造了缺乏。结果物价涨得更快，这一年这个曹家大院赚了一大笔钱。晋商的经理人是有股份的，因为他有特殊贡献，于是股份提高了。在曹家三百年的企业文化史上，讲到对员工进行教育，必定讲到他。他是在什么情况下当的这个英雄？上厕所的时候当的英雄。这就叫伟大来自于平凡，在众人熟视无睹的现象当中看到了不寻常、反常的东西。

我再讲一个西德机床厂机床用灯调查的事件。原西德（当时德国还没有统一），有一个机床用灯厂，我国香港很多工厂用他的机床用灯。有一段时间香港的用量特别大，总部就不太清楚，于是就派人到这边来做调查。给香港提供机床用灯的不只是他一家企业，别的几家企业也来调查，他们几家来了就到工厂看，工厂的规模没有扩大，机床用量也没有扩大。按照常理，机床用量没有扩大，机床用灯就不会扩大啊！不知道这是怎么回事，反正觉得没有异常就回去了。而这家企业呢？来到工厂看了看，工厂没有扩大，但用灯数量还是大大提高了，谁来用灯啊？找不出原因就做调查吧。一调查发现了什么呢？香港人打麻将的多，打麻将用这种灯。于是他回去以后，对机床用灯略做了一番改造，结果一下子开辟了一个大市场，机床用灯在麻将市场上得到了广泛的推广。

我再讲一个我同学岳母的事情。我的同学在人民大学工作，说好了要领着家人到青岛去玩一次，当时他的岳父母在他家里，他想带着岳父母一起去。但那段时间他特别忙，家人都说不去了，他的岳母最赞成不要去了。岳母说，去了有什么好？

去了花钱不说，还遭罪。后来他从南方出差回来，一天半之内，他的岳母问了四次关于去青岛的事。他就发现他的岳母想去。于是他就跟他的太太讲：还是去青岛吧。太太讲，不是说好不去了吗？怎么又要去啊？我同学说，是孩子的姥姥想去。我同学的太太也是高级知识分子，大学教师，就问他根据在哪？他说，根据很简单，一天半她连着问了四次。问两次叫正常，问三次叫"满"，问了四次一定叫反常，说明她想去。这叫什么呢？一个本质有很多现象表现，有的通过假象来表现，从这么多反常、异常当中可以找到需求所在。

3. 具体的发现需求的方法

（1）盯住竞争对手的产品缺陷。

竞争对手产品缺陷的地方，就是竞争对手没有满足消费者需要的地方，就是消费者缺乏的地方，也是他的需求的地方。

（2）盯住消费者的困难。

消费者困难的时候，不方便的时候，恰恰是需求的时间。

（3）盯住消费者的习惯。

盯住消费者的习惯，确认消费者需求的合理性，在这个基础上发现需求、满足需求。

（4）盯住消费者的投诉。

消费者的投诉就是消费者不满意的地方，消费者投诉是不好的事情吧？但是弱点中也有优点，消费者的投诉恰恰是新产品开发的源泉。

（5）盯住市场的限制。

市场的限制就是消费者的不便，消费者的不便你能突破，你就能满足他的需求。上海有一段时间规定，载重量为1吨以上的车辆不能经过市里的哪几条路，大家在束手无策的情况下，日本开发了载重量为0.9吨的车，一下子通过了。载重量为0.9吨没有违犯规矩吧。

（6）盯住相关的信息。

日本有个尿裤大王，他是怎样发家的？当时他的企业不景气，处于倒闭的边缘。有一次坐车不经意听见广播报道：日本每年出生250万儿童。日本20世纪60年代经济腾飞，家长忙得不得了，没时间给孩子洗尿布。报纸是当一个社会现象来讲，结果说者无意听者有心，他就说你不能洗尿布我来帮你洗啊！我那做雨伞的油布正好卖不出去，能把它改造成尿布，后来成了尿裤大王。你甭管是什么大王，只要是正当致富就行。

（7）普遍联系的思维。

因为所以，又因为所以，再因为所以。可口可乐经典的包装瓶是什么样？两头粗中间细，是经典的包装瓶。为什么呢？大人小孩拿在手里掉不下去，方便消费者。另外，明明装了八两但看起来像装了一斤似的，对企业有好处。这是谁发明的？设计师跟他的女朋友约会的时候，发现女朋友穿了这么一套裙子，两头粗中间细，他是越看越好看，就照他女朋友的裙子想到了这个包装瓶，于是开发出来了。这就是向生活学习，向大自然学习，以生活为师。

第二节　怎样满足需求

发现需求是认识世界，要求复杂问题简单化，要求从纷繁复杂的社会现象中抽象出事物的本质，满足需求是改造世界，要求简单问题复杂化，通过协调好与纷繁复杂的社会各方面的关系，实现利润最大化的目标追求。

满足需求的条件有以下几条。

第一，为顾客负责的精神。就是全心全意为人民服务的精神。

第二，扎扎实实的科学精神。什么是科学精神呢？没有调查没有发言权。做好任何一件事情，都要调查研究，发现需求，满足需求。每一个环节，都充满了发现需求、满足需求。这需要付出艰苦的劳动，这需要做大量的深入细致的工作。伟大来自于平凡，伟大来自于渺小，复杂的问题都是由简单问题组成的。困难都是由容易组成的。你把小的事情解决了，大的事情就好解决了。

麦当劳在美国是给一般人吃的，普通的跟我们吃水饺、面条一样。但是在2000年以前的中国呢？生活节奏不够快，人们还没有吃快餐的那种特别的要求。

另外，大人的口味早就固定了，很难改变，因此从儿童身上做起，以儿童带动大人。怎么能把市场启动？麦当劳不仅有战略规划（花了很长时间研究中国人的口味），而且非常有战术，研究怎么做才能在每一个环节上让老百姓满意。我看过麦当劳的一个材料。麦当劳的面包高度最高不超过十七厘米，为什么呢？超过十七厘米，咬在嘴里不舒服，十七厘米的面包放在嘴里最可口，你说这需要多大的精力来研究？麦当劳无论在哪个国家，它的可乐温度不超过四摄氏度。为什么？在四摄氏度的时候喝，和它的面包配合起来味道最鲜美。这怎么来的？都是在有意和无意之间不经意发现的。最初是无意，后来是慢慢有意，最后一点一点发现有规律性的东西。麦当劳无论在哪个国家，设的柜台的高度都是一个标准。什么标准呢？顾客掏钱最方便。

日本麦当劳还做了这么一个创新。因为日本妇女不工作，丈夫工作，麦当劳日本的老板，就招集麦当劳的家属开会，说员工的技能由企业来提供，员工的身体和心理状况由家族来保证，谢谢大家了。为了感谢家属的劳动，把员工的一部分工资，直接拨到了家属的账号上。你说都是一家人的钱，羊毛出在羊身上，但是换一种方式，感觉就不一样。通过这个小事情让家属感到高兴。但是后来发现了一个问题：相当一批麦当劳的员工上班精神头不足。人力资源部通过做调查发现：百分之十六的员工怕老婆，说钱到了老婆的腰包里，要不出来。怎么能让员工的太太把钱交出来呢？他们就反复地琢磨，反复地做试验，发现在一种情况下，你怎么也要不出钱来。什么情况下呢？早上要上班了，磨磨蹭蹭的，转过头来对太太讲，太太给我点钱吧，我需要干什么。太太总是问：要多少啊？要这么多干吗啊？三问两问要不出来，只好不开心地走了。日本的员工下了班后是要通过吃吃喝喝凝聚感情的，你说你没钱喝酒，别人请你喝酒，你心里不舒服啊！不舒服，没面子，怎么干好工作？

什么情况下能把钱要出来呢？他们大量做试验，发现在一种情况下，百分之百地能把钱要出来：临近上班前，把门打开，匆匆忙忙的样子，一只脚跨出门外，转回头，装着有一件事没办的样子：太太，赶紧给我点钱。这个时候由于给人的感觉比较匆忙，非常紧急，太太就顾不得问。太太只好说要多少钱？五十够吗？给你六十吧。我是看书上这么写的，你们男同志可以回家试一试。这是麦当劳的故事。

再讲一讲海尔的故事。自20世纪90年代至2005年左右的海尔为什么如此红火？除了其产品正好满足了其时房地产业兴起，一般社会大众对家电产品需求旺盛这一因素外，与海尔独特的管理也有很大的关系。海尔不仅在大的战略上很重视，在小的事情上也很重视。在员工的发奖金问题上，就能看到海尔的不一般。张瑞敏曾经做过一个讲话：奖金什么时候发？如果是下午开会，开完会再发奖金，那你这个奖金就白发了，起不到鼓励的效果。什么时候发奖金？中午吃饭前，临近吃饭前发奖金，员工心里很高兴，这顿饭再做得好一些，再喝点酒，感觉更好。在下午开会的时候，因为正在兴奋头上，布置的任务也能听进去。感觉好了，有情感了，爱屋及乌了，有点弱点，他也不当回事。如果你吃完午饭再发奖金呢？这顿饭肯定吃不好，怎么还不发奖金啊？能给我发多少？你看这顿饭吃不好，下午就开不好会。所以，奖金发早了不行，发早了兴奋就忘记了，趁热打铁才能成功。

第三节 中国人的不足

中国人的不足是偏综合，轻分析。碰到事情了，想不出办法，就经常给老板撂挑子，我干不了了，你来干吧。在跨国公司、外资企业，是绝不可能做到这一步的。为什么呢？我给你那么高的工资，就要求你做好自己的岗位职责。你想不出办法，说明两个问题：第一，你失职，未尽到责任；第二，说明你能力不够。我允许你想得不对，但不允许你不去想。在不断地想的过程中，是不是把思维就打开了？管理既是科学又是艺术，科学指规律，艺术指规律实践中所达到的熟能生巧的境界。因此，如何解决中国人的偏综合、轻分析的弱点？调查，调查，调查。没有调查没有发言权。有了调查，很多东西的结论自然而然就出来了，再加上逻辑思维的能力提高了，那么调查得出的结论就会更准确。

课程回顾

一、如何从蛛丝马迹中发现需求

1. 条件：①热爱生活，观察生活；②具有一定的技术知识或社会经验；③具有普遍联系的观念。

2. 关键：从不寻常、反常、异常中寻找需求。

3. 具体方法：

①盯住竞争对手的产品缺陷；②盯住消费者的困难；③盯住消费者的习惯；④盯住消费者的投诉；⑤盯住市场的局限；⑥盯住相关的信息；⑦普遍联系的思维。

二、怎样满足需求

1. 条件：①为顾客负责任的精神；②扎扎实实的科学精神。

2. 指导思想：要求简单问题复杂化，通过协调好与纷繁复杂的社会各方面的关系，实现利润最大化。

三、中国人的不足

1. 中国人的不足：偏综合，轻分析。

2. 如何解决：通过调查取得有价值的信息，然后进行科学的逻辑推理，得出有效结论。

第 十二 讲
消费者市场的需求分析（一）
——消费者市场的需求特点和
营销需求的因素

本讲主要内容

一、什么是消费者市场

二、研究消费者市场的意义

三、消费者市场的需求特点

四、影响消费者需求的因素

根据购买产品的顾客的购买量的大小和购买用途的不同，可以把一个市场分为集团客户和非集团客户两种，消费者市场应该属于非集团客户的购买。这个市场对消费品生产有很大的影响，因为要面临着众多的、分散的、广大的消费者来购买。对于工业品的生产厂家，也要关注着这样一个市场。因为，消费者市场的任何一点变化，都会影响着它的生产和销售。另外，即使今天你的产品主要是面向集团客户，但是到明天随着社会的变化，随着消费者收入的提高，你的产品的市场也有可能从集团客户变成非集团客户。

比如说北京电线电缆行业有这么一个厂家，原来他的客户主要是工业、房地产建筑商。后来，随着人们生活水平的提高，随着家用电器，诸如空调、洗衣机的普及，很多家庭也开始购买电线了。在这种情况下，作为这个企业来讲，就面临着一个转化，在重视原集团客户的基础上也应重视非集团客户的销售。

第一节　什么是消费者市场（或者叫非集团客户市场）

为了生活消费目的而购买产品和服务的家庭和个人所组成的市场，就是消费者市场。理解消费者市场的定义，应把握两点：

第一，购买是为了生活消费，而不是为了再销售或者为了再生产。

第二，是家庭和个人的购买。三八妇女节到了，很多单位都给女员工购买各种各样的产品，包括服装、纪念品等。这个市场的购买也是为了消费的，但是它不是家庭和个人的购买，它属于组织的购买，因此，它不能算是非集团客户，它应该算是集团客户。

消费者市场购买的产品自然以各种消费品为主，包含耐用消费品和非耐用消费品。耐用消费品指的是产品的价值比较高，使用的时间比较长，购买的频率比较低的产品。非耐用消费品指的是产品的价值比较低，产品的技术比较简单，大家购买的频率比较高的产品。但是耐用消费品和非耐用消费品本身也是相互转化的，今天的耐用消费品到了明天可能成为非耐用消费品。过去的家用电器，买了以后可能十几年、二十年不变。但是现在呢？买了没多长时间，嫌款式不好就要淘汰，所以耐用消费品和非耐用消费品之间是有一个转化趋势的。

第二节　研究消费者市场（非集团客户市场）的意义

消费者市场是一切市场的基础，消费者市场的任何一点变化都会影响到整个市场的变化，因此，不仅消费品生产厂家要研究这个市场，工业品生产厂家也得研究这个市场。因为消费品市场的任何一点风吹草动的变化都会影响到工业品生产厂家的生产与销售，即使那些从来不与消费者直接交易的企业，也必须研究消费者市场，以消费者的需求变化为依据来制定营销方案。因此，我们这个社会所有的厂家都得研究最终消费者市场的变化。

河北有一家企业，我到这个企业上课的时候老总跟我讲：连续几年来他们企业的生产和销售一直是大起大落，不明白什么原因。实际一考察，原因很简单。就是因为他是生产工业品的，他生产的直接客户并不是最终的消费者，而是其他的生产厂家。其他的生产厂家购买他的产品之后，转化成其他产品再销售给消费者。他只研究了他的下一家客户，没有研究最终的消费者，因此下家客户用得多他就多生产，用得少他就少生产，他完全听从下家客户的摆布或者指挥。但是下家客户的市场也是在不断变化的，因为最终消费者市场的变化影响着下家客户市场的变化，因此这几年来他总是大起大落。因此我跟他讲，你不能仅去研究你的下家客户，你要掌握主动性，还要研究下家客户的下家客户的下家客户，尤其是最终消费者，你才能在这个市场掌握主动权。因此，一个单位的职工，假若我是管质量的，要做好工作，收集信息的范围必须要大大地扩大，要了解行业质量变化的信息，还得了解与我相关的部门，如采购、生产、销售的变化的信息。这样工作才能主动而不是被动。

我再举一个例子。北京有一家企业，他是生产电线电缆的。2001年9月份他刚刚上网络线的时候，市场的价格是每一箱500元钱。当时很多网络公司跟他讲，你快点给我提供网络线吧，我正需要它呢！他经过市场调查，发现有这个可能和前途，于是他就准备了两个多月，投资了四五百万，当11月底12月初生产出来的时候，市场的价格下落到了每箱200元。三个月的时间从五百块钱降到了两百块钱，多大的变化！原来市场很好，一下子市场下滑得这么厉害，根本就不赚钱了。当时他为什么要上网络线？他讲网络公司跟他要，于是他就生产。网络公司说的话就一定那么可靠吗？影响网络公司需求的因素是什么？如果影响网络公司需求的因素是不稳定的，那么网络公司的承诺也是不稳定的，说的话不见得是兑现的。因此他在研究网络公司需求基础上，更应该研究影响网络公司需求的因素，尤其是最终的消费者，他有没有这个持久的购买能力。

所以，所有的厂家，无论是消费品生产厂家还是工业品生产厂家，都得研究消费者市场，消费者市场的任何一点变化，都会影响到他们的生产和销售的变化。

第三节　消费者市场的需求特点

消费者市场的需求是相对于集团客户而言的。相对于集团客户来讲，非集团客户的购买量是小的，一个生产规模小、购买量有限的组织的特点是什么？由于小，更多地看眼前利益；由于小，没有能力收集更多的信息，更多地看外在现象。看外在现象而又不想被时代所抛弃，只能是随波逐流，而且变化快，忠诚度低。集团客户呢？正好相反。看长远利益，重内在本质，自主能力强，变化小，忠诚度高。这就是两个市场的根本的不同。

具体来讲，消费者市场的需求有以下几个。

1. 消费者市场广阔，购买者人数众多而且分散，交易次数频繁，但交易数量不多

"购买者人数众多而且分散"，意味着企业必须在销售上投入大量的人力、物力和财力。需要尽可能地设置更多的销售网点，让消费者在方便的地点购买，要尽可能地经过中间商来代你销售。

"交易次数频繁，但交易数量不多"，说明消费者经常购买但购买量不多，属于小型的购买。对企业的要求是要注重产品质量和企业声誉提高。因为消费者变化快，忠诚度低。在经营上，要采用小包装方便消费者，因为他购买量不大。

2. 消费者的需求千差万别，需要的花色品种复杂多样，商品的市场寿命较短，许多商品可以相互替代

因此，告诫企业要不断地开发新产品，增加产品的花色品种，或者强化产品的新功能，以刺激顾客的购买欲望。为什么呢？顾客的购买变化快，你只能增加产品的花色品种，不断开发新产品，或者这个产品不变，但是一定要推出产品的新功能。宣传上也要不断变化。

3. 消费者市场的购买大都缺乏商品的知识和市场知识

因为规模小，消费者没有能力搜集那么多的信息，因此，容易受广告宣传、包装、销售方式、降价和社会关系等因素的影响。这说明什么呢？消费品的生产厂家必须重视广告，更应该注重包装，必须通过降价促销的方式，尽可能地促进消费者的购买。为什么呢？我们说消费者多看外在现象，受广告、包装的影响，对产品的内在质量了解不多。由于家庭购买，对质量的要求也不是很多，因此他对价格更敏感。

4. 消费者需求的多变性，导致商品供求之间的矛盾频繁而明显

对企业的要求是什么呢？

（1）企业必须注意市场动态的发展，为消费者提供适销对路的产品。

（2）应该不断关注消费者的流动速度和流动方向，力求让消费者在方便的地点购买。

（3）要分析消费者的购买心理，千方百计地抓住消费者的购买力。

第四节　影响消费者需求的因素

任何人都是在一定的社会环境下生存的，社会环境的变化会影响到你的需求的变化，我们还要研究影响消费者需求的因素。影响消费者购买的因素主要有经济的、文化的、社会的、心理的四大因素。

（一）经济因素

第一，是收入。收入的高低影响着消费者对产品的需求的变化。收入的提高意味着能买更多的产品。

第二，是价格。在产品的收益一定的情况下，价格的下降意味着购买成本的降低。购买成本低了，他当然购买。

第三，产品。产品质量的好坏，功能的多少，款式的新旧都会影响到产品的销售。因为款式新，功能好，质量高，能提高消费者对产品的预期收益的认识，那当然合算了。

第四，相关产品。相关产品包含互补品和替代品。所谓互补品就是你们卖得多、卖得好，我也跟着卖得好。比如，照相机卖得好，胶卷一定卖得好。游戏机卖得好，游戏卡一定卖得好。一荣俱荣，一损俱损。什么叫替代品？你卖多了，我就卖少了。比如，汽车和摩托车，都能满足人们交通的功能。但是汽车卖得好，摩托车就卖得少。这意味着企业在产品销售的时候，要有意识地盯着产品的前后左右，不要只看自己的产品，还要看到相关的、互相补充的产品，还有相互替代的产品。从而在环境的变化当中，借助于周围的环境，将自己的产品销出去。

消费者有认识能力，力求理性地看待问题，但是消费者的认识能力毕竟又是有限的，做不到真正的理性，因此他只能是有限的理性。20世纪60年代的时候，法国一个经济学家写了一篇文章，叫"女士裙子的长短和经济周期之间的关系"。他有一个发现：女士穿裙子的长短受心理的影响。经济环境好的时候，人们对未来充满信心，对自己充满自信，那么往往裙子是短的。经济低潮的时候，对象下岗了，自己下岗了，心情不好，还打扮什么？裙子往往是长的。随着经济从低到高的转变，裙子从长到短。他根据法国的情况，算出了裙子每缩短几公分，经济增长多少点。对法国企业学家讲，你要预见未来变化吗？用不着看别的，你看女士裙子的长短就行了。这说明，人们主动地适应环境的变化，但是人的能力毕竟是有限的，他主动地适应不见得能真正适应。这需要企业通过媒体，来影响消费者，来指出他们前进的方向。

（二）文化因素

文化既有趋同性的一面，也有差异性的一面。

文化的趋同性反映了人们崇尚权威的心理，反映了人们从众的心理。文化的差异性反映了人们标新立异的心理。趋同性和从众性是主要的，差异性和标新立异是次要的。一个人标新立异太过分了，人们把他当成怪物。没有标新立异，又没有特点。

文化的趋同性表现是什么呢？大家看到全世界的服装、饮食、娱乐、电器、房子、生活方式越来越趋同了吧？造成文化趋同性的原因是经济的全球化。各民族文化的相互交流，打破了地域和空间的限制。文化的差异表现是什么呢？不同的民族，不同的地域，不同的年龄，不同的社会阶层，他的认识是有差异的吧。造成文化差异的原因是什么呢？社会存在决定社会意识。

（1）社会环境的影响。贵州为什么少数民族多？大山高，挡住了交流，保存了民俗的独特性。

（2）不同的年龄、不同的社会阅历，对世界的认识不同。

（3）民族文化发展的历史不同造成了东方社会更多的集体主义，西方社会更多的个人主义。

文化的趋同性和差异性对我们营销的启发是什么呢？

（1）发达国家，发达地区，发达的社会阶层，今天的消费就是其他社会阶层明天的消费。你应该想尽办法让自己的产品周期延长。

（2）企业要细分市场，选择目标顾客。既然有差异，你就不可能为所有的顾客服务吧？你就只能选择一部分人。但你又要弄明白今天少部分人来消费，明天会更多的人来消费，消费的目标顾客的群体不同，需求的特征不同，造成你影响他们的手段也应该不同。

（三）社会因素

每个消费者都是社会的一员，他的行为不可避免地要受到社会各方面的影响和制约。消费者的购买行为要受到相关群体、家庭、社会各阶层生活方式等社会因素的影响。

1. 相关群体

（1）主要的相关群体，如家庭、亲戚、朋友。人在购买复杂产品的时候，主要受他们的影响。

（2）次要的相关群体：你所在的工作单位的人。

（3）崇拜性相关群体：体育明星、电影明星、社会偶像。他们有什么特点呢？对差异性大的产品，如服装等有影响，对标准化的产品没有什么影响，比如说螺丝帽。

2. 家庭的影响

（1）家庭生命周期的变化。我们的社会从大家庭逐步向小家庭转变，社会分裂出无数个小家庭，不同的家庭购买不同的产品，社会的需求量大大增大，而且需要的产品的种类也大大不同。

（2）家庭成员地位的变化。女性地位提高了，男性地位相对降低了，领导的偏好代表着组织的偏好。女性掌权了，意味着购买什么样的产品，商场的装修，广告词怎么写，都应该考虑女性的视角。另外，孩子的地位提高了。家庭的购买者在不好决定的时候，往往让孩子做决定。

3. 社会角色

你是教师，你要消费什么样的产品？你是一个经理，你能消费什么样的产品？不同的社会角色，造成了对产品需求的不同，导致目标顾客满足的具体方面的不同。

4. 生活方式

（1）个性。个性就是在长期的工作和生活中与环境相适应的独特的性格特征。一个人的个性经常用自信程度、控制欲、好交际、自主性、保守性、适应性和进取心等性格特征加以描述。不同产品人的适应性的性格特征是不一样的。比如，计算机的早期顾客普遍具有以下几个特征：自信心强、控制欲强、自主意识强。这要求公司要根据顾客的特征，来设计广告词。

中国人的性格特征普遍是什么呢？集体主义，易受周围的影响，讲面子，比较保守，较少使用新产品。在这种情况下，目标市场领袖的作用特别明显，权威的作用特别明显，人际关系的作用特别明显。

（2）自我观念。什么叫自我观念？人们所拥有的东西影响并反映着一个人的身份。换句话讲，我是什么取决于我拥有什么。现在，很多农民到了城里，这意味着他要做城里人。要做城里人，他的观念就必须拥有城里人所具有的那套东西。这对产品的销售有没有影响？

（四）心理因素

消费者行为除了受上述因素影响外，还受消费者心理因素的影响。心理因素是讲在前三种因素都一样的情况下，当一个营销人员用同样的话，对某一个产品向有同样需要的消费者进行宣传的时候，有的消费者接受了决定购买，有的决定不接受。比如有一个照相机推销员，他要推销这个相机就需要下一番功夫宣讲这个相机的好处，但是当他费尽九牛二虎之力讲了之后呢？有的人感觉很好，认为他很聪明，讲得很透彻，对自己购买相机很有帮助。还有的人认为这人说话很快，动作过大，哗众取宠，买他的相机是有危险的。你看，人们对相机都有同样的需求，前三个因素都一样，但是面临同一个营销人员的同样的宣传，不同的人做出了不同的抉择。

我在广州上课的时候，曾经有一个做化妆品的营销人员跟我讲，他在黑龙江开拓市场的时候，感觉特别痛快，很快市场就动起来了。你们山东（我是山东人）不行，就像温开水，怎么也启动不了。你越说得多，他越害怕。听得多，买得少。我对他说，山东是孔孟之乡，历史底蕴深，文化素质高，文化素质高的人轻易不相信一个人讲的话，但是一旦相信了，便会爱屋及乌。因此在你没得到他信任之前，你越着急你越动作大，你越让大家来买，他越害怕。应该怎么办呢？他慢你也应该慢，以慢对慢，这叫符合。黑龙江在传统意义上不是中国的中心地带，属于边缘地带，人的性格偏豪爽，在这种情况下，你的广告风格和他相适应，自然一说他就通。因此，当对不同的人讲话的时候，应当因人而异。业务员应该把你的客户划分出几个档次，划分出几个类别，对不同的人讲不同的话。

影响消费者行为的心理因素，除了由需要引起动机这一重要因素外，还有知觉、学习和态度三个因素。

1. 知觉

知觉就是人们为了了解世界而有意识地运用五种感觉器官：触觉、听觉、嗅觉、味觉、视觉，来收集信息、判断信息的过程。面对同一个人讲话，由于不同人的感觉器官接受的信息和信息接触的程度不一样，以致他做出来的结论也不一样。我们把知觉分成三个方面：一个是选择性注意，一个是选择性曲解，一个是选择性记忆。

什么叫选择性注意呢？就是对于同一个人讲的话，有些人对他讲的话记住了，有些人记不住。人在什么情况下对一个人讲的话感兴趣呢？第一是差别大的，尤其是价格差别大的。"重赏之下必有勇夫"。第二，正需要的。如，外面下大雨了，买雨伞的肯定多。第三，将需要的。人什么时候对孩子的物品感兴趣？妻子怀孕了，很快就要做爸爸妈妈了，这个时候手忙脚乱赶紧准备有关婴儿的知识。这意味着什么？营销人员应该选择自己的目标顾客吧。

什么叫选择性曲解呢？就是一个人讲的话往往被别人所误解。我举个例子。美国有一个电池公司，正在向南太平洋群岛一个国家销售它的电池。当地比较热，比较潮湿，为了证明他的电池防潮，他就把电池放在金鱼缸里，一周后拿出来照常用，结果这一打广告当地老百姓反而不买了。什么原因呢？当地人说，这个电池太麻烦了，还得把它放金鱼缸里放一周才能拿出来用，我干吗不买一个当场能用的？你看完全被理解反了。为什么有人对别人讲过的话会经常理解错了呢？因为人有一种天性，用已有知识来理解别人讲的话。由于他的生活阅历不同、掌握的知识不同，因此在理解别人讲话的时候经常存在理解片面或根本错误的问题。作为企业，作为业务员，你要对顾客讲话，你要做广告，你必须明白顾客有选择性曲解的倾向。广告为什么要多打几次？就是改变人们的选择性曲解。选择性曲解一定情况下还要主动地利用。有一个牙膏的广告是怎么说的？"一毛不拔"，就是利用人们对这个成语的理解来宣传自己的牙刷，才容易推广。再如，咱们国家有个杉杉西服，后来出现了一个彬彬西服，那个字写得是差不多的。目的是什么呢？利用人们的选择性曲解，借助"杉杉"的大牌子，迅速把"彬彬"推广出去。

什么叫选择性记忆呢？人们经常忘记他们所知道的绝大部分信息，而倾向于保留那些能够支持其态度和信念的信息。一个老师给大家讲了很多话，过了一段时间，大部分内容忘掉了，但是有一些关键性的话你记住了。不同的人对关键性的理解还不一样，有的人记住了这句话，有的人记住了那句话。为什么记的不一样？大家的需求不一样。改革开放以来我们国家做了多少广告？但是能记住多少广告？不多。起码有几个广告我们记住了："车到山前必有路，有路必有丰田车""海尔真诚到永远""维维豆奶，欢乐开怀"等。这些广告语言长期重复出现，较成功地利用了上述感觉过程，给人们留下了深刻印象。

2. 学习

人有很多需求，人的大部分需求不是先天带来的，是后天学习的。一个新产品在促销的过程中，有时为了让人们弄清产品的价值，为了提高人们对产品价值的理解，要主动地带领人们学习。比如说现在的很多食品企业，为了促销经常让消费者免费品尝。品尝了我才能对产品的价值有所了解。大家可能会说，花这么多钱让他们品尝，品尝不起。财力不足就用别的办法帮助他理解嘛！通过智力、体力，想巧劲让大家理解，关键是让大家理解。

3. 看法和态度

什么是看法？老百姓对一个产品或者观念的评价。什么是态度？就是人们对一个产品或者观念的长期的好和坏的情感的认识和评价。看法一旦形成态度，就顺应了人们爱屋及乌、恨屋及乌的心理。因此来讲，企业要千方百计地在民众中做广泛的舆论宣传工作，做广泛的、影响大众的工作，目的是引导人们对产品逐步认识到爱屋及乌的境界上去。

课程回顾

一、什么是消费者市场

为了生活消费目的而购买产品和服务的家庭和个人所组成的市场。

二、研究消费者市场的意义

消费者市场是一切市场的基础，消费者市场的一点风吹草动都会给消费品生产厂家乃至工业品生产厂家带来很大的影响。

三、消费者市场的需求特点

1. 购买人数众多而且分散，交易次数频繁，但交易数量不多。

2. 消费者市场需求千差万别，需要的花色品种复杂多样，商品的市场寿命较短，许多商品可以互相替代。

3. 消费者市场的购买大都缺乏商品知识和市场知识。

4. 消费者需求的多变性，导致商品供求之间的矛盾频繁而明显。

四、影响消费者需求的因素

1. 经济因素：包含收入、价格、产品、互补和替代品的影响。

2. 文化因素：文化既有趋同性，又有差异性，两者均对消费者需求有影响。

3. 社会因素：包含相关群体、家庭、社会各阶层和生活方式的影响。

4. 心理因素：除了由需要引起的动机因素外，还有知觉、学习、看法和态度三个因素。

第十三讲
消费者市场的需求分析（二）
——怎样在消费者市场中销售不同的产品

本讲主要内容

一、（常规产品）消费者的购买行为类型

二、针对不同购买类型的营销战术

三、非常规需求产品的营销

消费者市场是为了生活消费目的而购买产品和服务的、由家庭和个人组成的市场。消费者市场是一切市场的基础，研究消费者市场是当代市场营销学中的一个主要内容。本讲是在研究消费者市场特点、分析影响消费者因素的基础上，进一步探讨怎样在消费者市场上销售不同的产品。

第一节　消费者的购买行为类型

不同种类的产品，销售是不一样的，我讲几个实例来说明。

实例一：家庭装潢装饰的营销

我在北大企业家特训班里面的一个学生跟我讲，他是搞家庭装潢装饰的。老百姓为了装修，跑到我这里咨询了五次，我给他画了好多图，最后他还是不要我的，要了别人的，你说可气不可气！

实例二：啤酒的营销

2000年前后，在山东济南，趵突泉啤酒和青岛啤酒竞争得很激烈。有人说两个啤酒公司打了三次战役。第一次仗叫价格战役。青岛啤酒比趵突泉啤酒便宜一毛钱，但未打进济南市场。第二次战役叫火锅大战。青岛啤酒按照人们爱吃火锅的心理，请了许多漂亮姑娘搞促销活动，这一次又没有打赢（未打进济南市场）。但是第三次，青岛啤酒取得了很大的成功。他把一些饭店、酒楼、宾馆全买断了，里面酒水全是我供应，厂家愿意，商家也愿意啊！你提前交一笔钱，我也高兴。面对青岛啤酒的垄断性，趵突泉啤酒无计可施。

在这场战役中，青岛啤酒占了很大的上风。

大家会问：为什么啤酒行业这么做？而别的行业那么做？这怎么来理解？这与不同产品种类的销售的购买行为有关。根据产品复杂程度的不同，和消费者花费在产品购买上的时间、精力的不同，我们可以把消费者的购买行为分成四大类别：复杂型、多变型、协调型、习惯型。如下表所示：

消费者介入程度 / 产品差异性	高	低
大	复杂型	多变型
小	协调型	习惯型

第二节　针对不同购买类型的营销战术

1. 复杂型的购买

什么是复杂型的购买呢？产品的差异性大，消费者花在产品购买上的精力多。比如说人们购买房地产，家庭的装潢装饰，农民买拖拉机，买保险，都存在这个情况。

复杂型产品的购买特点：产品复杂、消费者不容易理解，花费在购买上的时间多。对于这种产品，企业应该怎么销售呢？

第一，市场营销者要帮助消费者了解产品的性能，了解性能的相对重要性，并介绍产品的优势以及给购买者带来的利益。此外营销人员还有必要区别他的品牌的特征和别的品牌的特征，并利用一些主要的印刷媒体做广告文稿，竭力用高质量的营销人员，来介绍产品的优点。

第二，谋求商店销售人员和购买者的支持，以影响消费者最后的选择。什么意思呢？就是利用人际关系的因素，促进产品的销售。当人们在购买复杂产品、购买风险大的产品时，特容易相信家人、亲戚朋友等身边人的话。

我讲个例子。20世纪90年代中期，人们对购买电脑不了解，不了解就轻易不买。燕莎商城怎么做的？燕莎商城专门办培训班。参加培训班的人了解了我的电脑，是不是买一部电脑走？是不是他影响了周围的人来买？因此我认为像房地产的销售，像家庭的装修，都特别适合于会员制。在这方面，万科的会员制做得最好。一般企业的会员制是什么呢？你把人带来买我的房子，我就给你加分。万科的会员当然也包含着这些内容，但还有其他的内容。你能给我写文章，介绍我的优点，我给你加分。你能带朋友来参观，我给你加分。你能给我提建议，我给你加分。你能投诉我，能给我提出弱点，我还给你加分。如果仅仅带来人买房子，那个成本太高了，很不容易做到。但万科的做法，大家很容易做到。容易做到，大家就愿意来做。因此万科有一段时间被称为在中国房地产被投诉最多的一家企业。别人不敢做，他敢搞，万科在投诉中成长，像家庭的装潢装饰，像保险，像这种产品都适合会员制。利用人和人之间的相互组织，用滚雪球的方式来销售。

2. 协调型的购买

什么叫协调型的购买呢？产品技术不复杂，品牌的差异不太大，消费者不经常购买，但是购买时有一定的风险，购买后可能感到一时不协调。这种情况就被称为协调型的购买。可以说现代人买彩电、买冰箱、买洗衣机就有这种特点。那么多品牌，我认为它们都差不多，但是我也不知道哪个更好。怎么办呢？我会有点徘徊、犹豫，买了这一部，害怕。买了另一部，又害怕吃亏了。在这种情况下，企业应该怎么做？

第一，市场营销者应该运用价格战略和人员促销战略，选择最佳的销售地点，并向消费者提供有关评价的信息，使其在购买后有一种满意的感觉。比如说买这部电脑，大家觉得电脑一样，他的价格便宜，他给你送货上门，再给你承担多少服务，买它是不是更合算？

第二，营销人员起的作用大。营销人员的作用是坚定他购买的信念，买这个是最好的，为什么应该买这个，这叫协调型的购买。

3. 习惯型购买

什么叫习惯型的购买呢？如，买铅笔、橡皮、笔记本、瓜子、报纸，产品很简单，不需要花什么力量来思考。这种产品应该怎么销售？

第一，广泛地设置营销网络，让顾客在方便的地点购买。

第二，说服商店把产品摆在一个比较好的货架上，最好是包装比较能吸引消费者，用一些卡通片啊，卡通人物来做包装，吸引消费者。

第三，让大家看到宣传画，来吸引消费者，也可以做广告，做电视广告更好。因为电视广告大家接受起来不困难。大家看，买牙膏，是不是买佳洁士的比较多啊！

4. 多变型的购买

什么是多变型的购买？就是品牌差异比较明显，但消费者并不愿意花很长时间来选择，而是不断变化所购产品的品牌。如燕京啤酒、趵突泉啤酒、青岛啤酒。这种产品应该怎么销售？

第一，应该运用促销的办法。大家看啤酒的销售、奶粉的销售，是不是经常运用促销小姐搞促销啊！有这个人和没这个人不一样，有这个人可能买了，没有这个人可能不买了，反正是技术不复杂，有一个人稍微一带头就买了。

第二，可以采取压低价格的战略。便宜一点，送货上门，买一送一，利用人们贪小利的心理，也能刺激他购买。

第三，垄断。宾馆、酒店都买断了，根本就不给顾客比较的空间。现在中国的市场经济发展得很快，企业的竞争越来越导致企业的规模经济，很多的啤酒厂家，白酒厂家，往往把一些大宾馆、大饭店的酒类经销权买断了。

第三节　非常规需求产品的营销

以上四种购买类型是带有常规需求性质产品的销售，下面谈谈非常规需求的产品，也就是非渴求产品如何销售。何为非常规需求产品？就是消费者未曾听说过，或者听说过也不想购买的产品。如，墓地，谁愿意去购买？一听就忌讳。人寿险、火险，一听就感到不好，不吉利，谁愿意购买？这种产品应该怎么销售？

第一，慎重地选择目标顾客。作为人来说，不能讳疾忌医，不喜欢归不喜欢，但终归是需要的吧！比如说墓地、墓碑，是不是就应选择年龄大、身体有病，又有购买能力的人作为你的目标顾客？人寿保险是不是应该选择有购买能力，又有购买欲望的人？这些人在哪里呢？看情况而定，慎重地选择目标顾客。

第二，把握促销时机，选择促销主题。中国的保险业是为人民服务的，为人民服务起码有两种方式吧。一种是锦上添花，一种叫排忧解难。人寿保险做的就是排忧解难的工作。但人们总是讳疾忌医，不愿意想这些事，但是社会确实又有风险，怎么办？把握促销时机。如，发洪水的时候，保险公司发展得特别快，人们感受到了保险的重要。2003年"非典"时期，保险公司更充分地利用了这个机会，让人们大大增强了保险意识。2004年11月21日包头空难发生，这个时候保险公司应该加紧做工作，增强人们的保险意识：我们是为人民服务的，我们是为人民排忧解难的，我们也不想他们发生这种事，但是社会生活偏偏有，而且现在的风险还越来越大，赶快买保险吧！因此作为保险公司，怎么能提高人们的保险意识？一方面选择目标顾客，一方面把握促销时机。

课程回顾

一、（常规产品）消费者的购买行为类型：复杂型、协调型、习惯型、多变型

二、针对不同购买类型的营销战术

1. 复杂型：①帮助消费者了解产品性能及优势；②谋求商店售货员和购买者亲

戚朋友的支持。

2. 协调型：①运用价格战略和促销战略，让消费者满意；②发挥营销人员的说服作用。

3. 习惯型：①广设营销网络，方便消费者购买；②商品应摆在货架的好位置，包装要吸引人；③广泛宣传。

4. 多变型：①运用促销战术；②低价；③提高服务内容；④买断消费者的经销权。

三、如何销售非常规产品

1. 谨慎选择目标顾客；

2. 把握促销时机。

第 十 四 讲
消费者市场的需求分析（三）
——消费者市场的购买行为模式

本讲主要内容

一、研究消费者购买行为模式（9W）

二、当前消费者的购买趋势

三、消费者的决策过程

不同的产品有不同的购买行为，要满足消费者的需求，必须要搞清楚他在什么时间需要？他在什么方便的地点购买？定什么价格才能接受？说什么话他愿意听？要明白这些问题，就应当细致地研究与消费者需求有关的很多方面的因素。

第一节　消费者购买行为模式

许多成功公司在研究消费者市场和消费者行为时，往往从解决以下9W问题入手。

（1）谁来购买（Who）？即，你的目标顾客是谁？

（2）对产品的具体要求是什么（What）？

（3）为什么要购买（Why）？这决定了他的购买量是多少，决定了他能不能持续地购买。比如说咱们山东人，尤其是烟台人好吃大蒜，跟韩国吃泡菜差不多。他购买大蒜是为了日常的消费，他对大蒜的需求量就是长久的，就是重复购买率高的，就是一次采购量大的。别的地方呢？虽然也吃大蒜，但是他购买大蒜的目的不是为了日常消费，而是作为调味品，他每次购买量就相对少。

（4）哪些人参与购买行为（Which）？了解哪些人参与购买，有助于我们做广告宣传时，说服顾客购买时有的放矢。如，山东双力农用车。产品的购买肯定是很多人参与其中。你不仅要做主要的家长的工作，还要做其他的影响他的人的工作，尤其你应当在农民当中树立一个亲民富民的形象，借助周围的舆论来创造有利于你的产品销售的良好的环境。

（5）何时购买（When）？这说明任何产品都有淡旺季。我们应该在合适的时间提供合适的产品。

（6）何处购买（Where）？在什么地方购买？如何让消费者在方便的地点购买？平时农民在哪里购买？忙的时间又到哪里购买？我记得2000年左右，山西运城有个方便面厂，平时他就在一般的商店里卖，到了三秋三夏大忙季节，他就开着大篷车直接到村里去，方便农民购买。

（7）购买方式如何（How）？是零星购买还是大批量地购买？这对我们的销售方式是有影响的。过去老百姓，购买矿泉水每次只购买一瓶，你放在什么样的商店里？现在扛一箱回家，你放在什么样的商店里？

（8）愿意花多少钱购买（How much）？购买的价格如何？怎么定价？定高了买不起，定低了害怕。人是有理性的，理性人追求利益的最大化，利益是预期收益和预期成本的比较。但由于个人能力等很多方面的限制，人的理性都是有限理性。你应当帮助他。

（9）多长时间购买一次（How long）？购买频率如何？这点很重要！饮食业相对是属于比较稳定的产业，吃了上顿吃下顿，当然就看你做得怎么样了。彩电冰箱呢？买了以后十年不买第二部。只能是不断地拓展市场，向全世界拓展市场。另外，进行产品款式的调整，进行新产品的开发，加速折旧，加速人们对旧产品的淘汰。现在的中国，人们对旧产品淘汰的速度还不是很快，怎么办？你只能开拓更大的市场，如果你做不到这一点，你只能再搞点多元化。

因此来讲，这个世界上没有完全相同的两个人，向别人学习的时候，一定要记住学习的最大风险不是花了多少钱，而是学其形忘其神，学了别人的表面却忘了人家怎么做的本质。表面性的东西都是变化很快的，规律性的东西是相对稳定的。变化很快的东西你是抓不住的，你只能抓住变化相对缓慢的东西。因此我们说，要研究消费者市场就要从这九个方面来研究，这九个方面的问题你能搞通了，对你的目标顾客分析得就非常清楚了。

在影响消费者需求的这九大因素当中，有四个方面最重要。

第一，何时购买。一般来讲，日用品的销售主要是人们在工作之余，因此商场在下班后最忙。为什么全国人民过节，商业服务业要加班工作呢？因为人们休息了才去买它。高档耐用消费品呢？就要等节假日购买。为什么呢？有大段的时间，有助于我观察，有助于我了解，有助于我做出决定。因此市场营销人员必须研究和掌握消费者购买商品的时间习惯，以便在适当的时间将产品推向市场。对于消费地区而言呢？农村和城市的工作特点是很不一样的。农村什么时间是休闲时间？三秋三夏大忙季节以外就是比较休闲的时间。城市呢？主要是节假日，主要是下班之后。因此农村的淡旺季和城市的淡旺季是不一样的。

第二，何地购买。前几讲谈过，南方有一个装潢装饰企业，到北京打了三次市场都没打通。什么原因呢？对北京的市场不了解，他不是在方便的地点，让人们了解他、熟悉他。广东发达，人们就适应于写字楼，在写字楼里了解家庭装潢装饰这个产品。但在北京呢？北京人们就得通过建材城去了解家庭的装潢装饰。在这种情况下，他把公司放在写字楼里面，别人都看不见，怎么去购买他的产品？

消费者在什么地点购买，包含两个方面：有的产品消费者能当场做出决定；有的产品呢？消费者在家里做出决定。比如日用消费品，消费者一般在购买的现场做出决定，属现场购买。而高档耐用品呢？消费者往往先是在家中做出决定，然后再去购买。这意味着什么？企业在做促销计划的时候，应该考虑这两种情况。作为现场购买的，应该注重包装、陈列，加强现场的广告宣传，刺激消费者当场做出决定。如果是在家中做出决定购买的产品，应通过各种传播媒体，来介绍产品的性能、特点和服务社会等，从而影响消费者家庭做出对本企业有力的购买决定。

第三，如何购买。消费者如何购买，包含着消费者是零星购买，还是批量购买，这决定着你选择什么样的商业平台来销售。如果是零星购买，在杂货店里面。如果是批量购买，那在超市里面。超市是一个什么样的商业业态呢？消费者自我选择。如果你的产品技术复杂，比如说珠宝，很少有人看得懂，你必须到专业商店来购买，有很多服务员给你讲解。产品一定时间是高科技的产品，到了另外一种时间呢，可能成为低科技的产品。如电脑，最初在专业商店销售，那时人们不懂电脑，后来呢？在电脑城里销售，反正人们觉得产品功能、质量都差不多，就那点功能，坏也坏不到哪里去。人们像扛棵大白菜一样，把它扛回家。这对你的商业业态的选择，要求自然不同。是就近购买还是通过电话、电视在家购买？是廉价品还是应季品？是一次性付清货款还是分期付清货款？这都是消费者购买的方式，你得考虑这些，然后做出最方便消费者购买的决定。

中国为什么在21世纪初期发生商业革命？为什么各种个体商店纷纷解体？超市、大卖场、折扣商店纷纷出现？因为人们需求水平变了。原来人们买一袋方便面在大商店里面，现在买一箱方便面，在超市里面。原来人们没有车，没有交通意识，只能就近购买，现在有交通工具，可以跑很远到大卖场里购买。过去人的文化水平不高，需要服务员来帮助。现在呢？人的文化素质高了，自己来购买，自我服务，所以，超市出现了，大卖场出现了，都是自我服务。而现在互联网采购出现了，许多人都在网上采购，以至于许多实体店纷纷倒闭。因此一个企业你不仅要关心消费者的需求，还要关心影响消费者需求的变化。

第四，由谁购买。在消费者决策的过程当中，往往有很多角色。

(1) 使用者：实际使用和消费该商品的人。

(2) 倡议者：最初提出购买这种商品的人。

(3) 影响者：直接或间接影响决策的人。

（4）决策者：有权最后做出决定的人。

（5）购买者：去购买产品的人。

在这五种角色当中，应该说都很重要。但是最重要的是影响者和决策者。比如说现在到商场购物，大家会看到：大人带着孩子。大人在跟售货员讨价还价、讨得最热烈的时候，售货员发现难以促进顾客做出购买决定，往往把话锋转向孩子："小朋友别着急，马上就好了。"他不说着急孩子还不着急呢，他一说着急，把孩子的注意力转移过来了。孩子马上就说："爸爸、妈妈赶紧买吧。"这一下子，大人的头脑乱了。按照孙子兵法的话讲，这叫"攻心为上"。什么叫攻心为上？一是让他骄傲，一骄傲便飘飘然了。二是让他愤怒，一愤怒脑袋就乱了。骄傲和愤怒都不利于做出正确决定。

我的一位同学在厦门海关工作。吃饭的时候，他的太太就讲，说我的同学经常站错立场。买东西的时候，她跟售货员讨价还价，正谈得最热烈的时候，可恶的业务员一下子话锋一转，转向了她的先生："大哥，你看价格高吗？"我的同学马上说："不高。"一下子就把他太太气蒙了，做不出正确决策了。还跟我说，你看你的同学多没出息，一句"大哥"就把他收买了。聪明的业务员在销售中，经常利用周围的因素来促进决策者做出购买的决定。

第二节　当前消费者的购买趋势

随着社会的进步，人民生活水平的提高，生活节奏的加快，当前消费者的购买行为出现了以下新趋势。

1. 委托式的购买

随着大量女性走上工作岗位，随着时间成本越来越高，传统的购物观念，如"眼见为实""货比三家"等，已不能适应时代发展需要，不得不向"委托式购买"，即委托他人代自己购物方向转变。目前出现的电视购物、电话购物、网上购买，以及家政服务等产业，都反映了时代的这一转变。

2. 冲动式的购买

看国外电影，经常看到女士一旦生气了就跑到商场里购物，在花钱的过程中心里挺舒服的。我们中国人不这样，因为我们钱少。但是随着中国人生活水平的提高，冲动式的购买正在出现。我们过去看国外的球队一旦输了球，球迷就会砸电视。中国人不砸，那是因为我们收入条件还不够高，随着中国人民收入条件的提高，砸电视的时刻也会跟国际接轨。价格在下降，收入在提高，砸掉了再买一部嘛！夫妻吵架往往摔便宜的东西，为什么呢？摔东西是出气。但是出气还有个成本，因此都摔便宜的。随着人们生活水平的提高，摔东西的档次，预计也会越来越高。

3. 便利式的购买

方便消费者携带，方便消费者使用，方便消费者家中摆设。过去买东西没有包装袋，现在都有个包装袋吧？过去买罐头，包装得很紧都打不开，现在都让你方便打开。近年国际市场流行的多功能产品，如，电子收音机、无线电话、录音机组合、小型摄像机等，都是适应上述趋势的产物。

第三节　消费者的决策过程

1. 确定需要

需要是怎么来的呢？一个是发自内心的需求，我饿了想吃饭。二是周围环境的刺激。如，外边卖羊肉串的，羊肉串的香味刺激了我。这说明广告宣传的重要性，教育消费者的重要性。

2. 收集信息

消费者一旦有了需要就收集信息。信息的来源有以下几个方面：一是商业来源，如广告。二是个人来源，如家人、亲戚、朋友。三是社会来源，如报纸等。四是经验来源。在这四个当中最重要的是个人来源，影响他决定的是个人来源，信息量最大的是商业来源。

3. 评估信息

这么多的信息当中到底买哪个呢？消费者一般按照以下三种状况决策：

（1）产品的属性排序。比如说我买冰箱，考虑因素有：噪音、节电、质量、服务等。但关心程度不一样，按照关心程度可以有一个排序。

（2）品牌的排序，按照属性排序。在这么多品牌中，划分出第一、第二、第三、第四。

（3）按照自己的购买能力和这个品牌的排序来进行选择。

企业应该改变消费者的排序标准，具体措施有：

①实际的重新定位。原来我想省电是第一位，大家普遍将噪音放在第一位，我也要改变、修正产品的某些属性，使之接近消费者理想的产品。

②心理的重新定位。我的产品质量高，价格低，但消费者害怕"便宜没好货"，能是好东西吗？我就必须大力宣传：我的产品质量高，价格低。为什么价格低呢？规模经济、科学技术的进步，价格低不见得是不好的。

③竞争性反定位。竞争者在竞争过程中，不自觉地会做夸大实际的宣传。你跟别人吵架，消费者对你会有好印象吗？一旦顾客信了他了，你越讨价，顾客越不相信你。这个时候怎么办呢？就应该科学地、合理地，在大家不伤面子的情况下，引导消费者。

我们济南有一个非常有名的国产家电生产厂家，搞过一个洗衣机比赛活动。然后在报纸上发表文章，叫"济南洗衣机大比武，××又是双冠王"。这个发表之后，在社会上引起很大反响。这一下子就对别的洗衣机厂家有很大的影响了。别的竞争厂家是怎么做的？第一，给这个厂的厂长发信；第二，在报纸上发表文章，质问这场比赛是谁组织的？权威性如何？都谁参加了？拿什么产品参加了？连续提了几个问题，大家就知道你有欺诈宣传的含义。

④改变消费者不切实际的标准。既想质量好，还想价格低，哪有那么多的便

宜事? 高质高价, 低质低价, 往往是一般的规律。

4. 决定购买

决定购买不等于最终购买, 有可能回到家里受到家人的影响, 又做了否定购买的决定。企业怎么办?

第一, 提前打招呼。指出回到家里, 跟家人交谈时, 他们可能会有什么什么样的议论, 你要提前做好准备。

第二, 交点定金。定金交的不一定高, 但要让顾客失去了定金心里难受, 在这种情况下, 让他最快地做出购买的决定。

5. 售后服务

消费者购买以后, 还要进行售后的服务。比如维修、提供免费检查等。目的是让消费者得到产品之后, 还能得到一个额外的满足, 对产品有一个更高的评价。美国人的统计: 一个满意的顾客能影响周围八个人, 八个人中有一个人购买。一个不满意的顾客能影响周围二十四个人, 二十四个人的背后还有二十四个人。

课程回顾

一、消费者购买行为模式 (9W)

1. 谁购买 (Who)?

2. 产品的具体要求是什么 (What)?

3. 为什么购买 (Why)?

4. 哪些人参与购买 (Which)?

5. 何时购买 (When)?

6. 何处购买 (Where)?

7. 何种方式购买 (How)?

8. 愿花多少钱购买（How much）？

9. 购买频率如何（How long）？

二、当前消费者的购买趋势

1. 委托式购买。

2. 冲动式购买。

3. 便利式购买。

三、消费者购物决策过程

第 十五 讲
组织市场（集团客户市场）的需求分析

本讲主要内容

一、组织市场的定义、类型及特点

二、组织市场购买类型、购买决策者和购买决策过程

三、影响购买的因素

消费者市场称为非集团客户市场，组织市场叫做集团客户市场。由于规模大小不同，这两个市场在购买的行为上也有很大的不同。现在的企业，它的市场很难说是完全的集团客户市场和完全的非集团客户市场。很多产品原来的市场是非集团客户（消费者市场），现在越来越向集团客户市场方向去转化。比如说原来的家用电器：冰箱、彩电、洗衣机、空调等，原来是给家庭的，可是随着社会的发展，以及家庭功能的淡化，家庭的很多功能由社会来承担了。很多企业的规模越来越大，相当程度上承担了家庭功能。因此现在很多企业也要买彩电，也要买冰箱，也要买空调，也要买洗衣机，而且用量还很大。因此，家电生产厂家要从过去的特别关注消费者市场转向关注集团客户市场。比如说，原来的饭店基本是给消费者市场准备的，现在很多饭店为集团客户服务。因为企业的规模越来越大，社会的分工造成他们企业没有自己的食堂。中午怎么办？中午只能吃盒饭。盒饭谁来提供？就有很多饭店来给他提供。所以现在出现了很多快餐公司。比如说北京很大的一个快餐公司叫"丽华快餐"，它就是这么发展的。

因此现在很多生产消费品的行业，越来越从特别关注大众消费者市场向关注集团客户组织市场上去转化，这就是社会的变化带来的人们需求行为的变化，带来的市场环境、市场需求的变化，以发现需求、满足需求为己任的企业，必须适应这个变化。

第一节　组织市场的定义及其类型、特点

（一）什么是组织市场

所谓组织市场就是由购买产品和服务的正式组织构成的市场。"三八"妇女节的时候，很多企业要给员工买服装、买礼物，那都是组织市场的购买行为。

（二）组织市场的类型

组织市场由三部分组成。即产业市场、中间商市场、机构和政府市场。

1. 产业市场

购买产品的目的是为了加工成别的产品然后来出售或者出租来得到利润的组织。像山东双力集团，欲取得高额利润，就要大量销售拖拉机、农用车，而要生产这些产品，就得大量地购买原材料、能源等，那就是组织市场的购买行为。

2. 中间商市场

购买产品的目的是为了出售或者出租来赚取利润的组织。中间商的本质是代顾客采购。像济南的各种各样的批发商、零售商都是这个功能。

3. 机构和政府市场

机构市场包括学校、医院、政党、社会团体等。他购买的目的不是为了加工和倒卖，而是为了直接消费。这个市场的购买现在是越来越大。

政府市场包含从中央政府一直到村政府各级政府所组成的市场，他们的购买行为就构成了政府市场的购买行为。政府购买的产品是很多的，上到飞机、导弹，下到鸡蛋、农产品，他们没有不购买的。国防部要采购军火，农业部要采购鸡蛋，

采购的规模是越来越大。

(三)组织市场的购买特点

1. 从市场的购买方面来讲,购买量大,地理位置相对集中

首先是购买量大,家庭市场购买时一般买一部彩电或者买两部彩电,组织市场一买彩电就是几十部,采购量较之家庭市场那真是太大了。另外地理位置相对集中。消费者市场全国特别分散,组织市场相对是集中的。中国的家电无非就是集中到珠江三角洲、长江三角洲、胶东半岛。为什么地理位置相对集中?一是由资源的特殊禀赋造成的,要做某项产品只有当地有这个原料。另外,是由竞争的特点造成的,称之为扎堆的规模效应。

2. 从市场的需求来讲,它是派生的需求

山东双力拖拉机为什么要采购那么多的零部件?是因为市场需要我的拖拉机,需要我的农用车。我为什么要给员工订购那么多的服装?因为我有五千多员工,大家要穿统一的服装,我要做企业的厂服,是派生的需求。另外,需求价格的弹性是低的。比如,以双力拖拉机来讲,并不因为哪个零部件价格提高了,就少量购买,并不因为它的价格降低了就多购买,只要市场对我的需求没有根本性的变化,我的采购是不变的,这一点不像消费者市场。消费者市场价格一降很多人来买,价格一提很多人不买。

3. 从购买决策来讲,购买的人数少,购买者受过正规训练,购买决策复杂繁琐

家庭市场的购买者没受过正规训练,组织市场的采购员受过正规训练,因此能看长远利益,能看内在本质。家庭市场的决策相对是简单的,但组织市场的决策繁琐而复杂,需要层层打报告,层层审批,很多人参与决策。为什么会这样?因为家庭规模小,容易形成命运共同体。而企业为了取得规模优势,只能不断扩张,协调、管理成本也随着增大,这就导致组织采购的决策繁琐而复杂,事实上这是他要加强管理的一个重要方面。大家会说,这样一来就使得采购员的效率降低了,但是采购的风险也大大降低了。企业就要在风险的降低和采购效率降低之间达到

一个平衡点。

4. 从双方关系的保持度来讲是长期关系

家庭市场采购时，一般只买一部彩电，两部都不买，它很难跟企业建立长远关系。但是组织市场买了这个，还要买那个，它容易和企业建立长远关系。因此关系营销主要发生在集团客户的购买方面，很少发生在非集团客户的购买方面。

5. 其他特点

（1）直接采购，不经过中间环节。

（2）互相采购，我做皮鞋，你买我的皮鞋，我买你的皮革，互相采购。

（3）租赁业务，生产企业日益转向设备租赁，以取代直接购买。

第二节　产业市场购买类型、购买决策者和购买决策过程

1. 购买类型

产业市场采购行为的复杂程度和采购决策项目的多少取决于采购业务的类型。产业用户的采购业务大致有四种购买类型：新购、重购、修订后的重购，以及系统购买。

（1）新购。即第一次购买。要经过大量的调查研究，决策特点是繁琐复杂。但对所有的销售该类产品的企业来讲具有同等的竞争机会。

（2）重购。即按照过去的条件和规格重新进行第二次采购。这意味着采购一方对销售产品的一方是满意的，因此别的出售产品的企业很难在这里找到机会。那作为销售产品的一方来讲，要千方百计地让采购者满意，争取让他不间断地重复购买。

（3）修订后的重购。由于企业产品的类型改变，对采购的要求也随着改变，或是由于竞争的激烈性，出现了销售价格比以前还要低的供应商。在这些情况下双方要重新谈判，按照新的条件进行采购。在这个过程中对于别的销售产品的企业有了更多的市场机会。作为已经先入的企业来讲，应尽可能地通过给对方提供更

多的服务让对方满意,保持这个大客户。

(4)系统采购。指采购的对象不是一个单一的零部件,而是一个组合的产品。在现实生活中,许多购买者更愿意从一个供应商处购买完整的成套设备及其所必要的各项服务,俗称"一揽子"交易。

多年以前,美国、欧洲,还有日本的一些企业到印度尼西亚参加一个水泥厂的投标。美国和欧洲的企业完全按照他们的标准设计投标方案。最后的结果是日本的价格很高,但是日本却成交了。日本怎么做呢?日本说,我不仅给你建水泥厂,我还要给你训练工人,我还要给你销售一定数量的水泥,我还要用这些水泥给你修一条公路,给你建一座桥梁,改善你的周边环境。他看准了人们要的不是产品本身,而是产品带来的享受。因此,他的价格虽然高,但是他更能满足人们对产品购买的心理追求,他反而成交了。当然了,系统购买当中是有风险的。风险在于销售产品的人会滥用采购者对他的信任,销售一些不怎么样的原料以假乱真,以次充好。为什么这些年中国的家庭装修有那么多的问题啊?就在于家庭装修的时间,装修队滥用别人的信任,以次充好欺骗对方。为什么说中国的大型建筑工程、水利工程,经常有豆腐渣工程?就在于它的系统采购中,系统销售一方,滥用了采购者的信任,滥用"买的不如卖的精"这种客观存在,以次充好。因此,作为系统采购的一方来讲,还应当加强监督。

2. 购买决策者

任何一个产品的购买都会有很多角色参与,从组织市场的采购来讲有以下多种角色。

(1)使用者:具体使用这个产品的人。

(2)倡议者:提出和要求购买的人。

(3)影响者:影响决策的人。

(4)决策者:有权决定采购项目的人。

(5)采购者:具体执行采购的人。

(6)信息控制者:可控制信息流的人员。他们为了让其所关心的人中标,故意向别的人或企业瞒报采购信息。信息控制者往往是采购员,也可能是办公室的秘书，也可能是技术人员。这说明家庭很容易形成命运共同体。但是组织大了，很不容易形成命运共同体，这就提出了加强监督的问题。

3. 购买决策过程

组织市场在采购方面经过以下的采购过程。

（1）问题的识别。即，我应不应该采购某个产品？"应不应该"是怎么产生的呢？一是由使用者的需要产生的。如，这部机器坏了，我必须再买一台。二是参加博览会，以及参加其他的一些会议，看到其他供应商的产品比自己正在使用的产品更好，产生了购买要求。因此作为销售产品的一方，必须更多地发布信息，让更多的人知道。

（2）确定总体需要。即，我应该买什么样的产品？对它的要求是什么？做一个大致的规定。

（3）详细地描述产品的规格。即，要什么样的产品？什么规格？什么条件？等等。

（4）查询产品供应者。怎么查呢？一是查工商目录，二是参加博览会，三是通过行业寻找，四是通过网上查找。这意味着什么呢？销售产品的一方要尽可能地使自己的产品信息被社会所知道，消费者知道了才会感兴趣，才有可能购买。

（5）征求供应的信息。如果我知道了谁能供应这种产品，我就要跟他通信息。作为出售产品的一方来讲，提供信息时要注意两个问题。

第一，不要用技术的语言来表达，尽可能地用营销的语言。什么叫营销的语言？用社会能够明白得了的语言来表达。

第二，在跟别人谈的过程中，要取信于人，要讲清楚产品的优势，要讲清楚跟别的产品的差别，不要诋毁竞争者。

（6）选择供应者。在这么多的能够提供的产品当中应该选择谁呢？还要进行详细的选择。不同的产品，选择的标准不同。基本上重视质量、规格、价格、服务、送货、付款条件等。但不同时期的重点不一样。有的要货很急重交货能力，有的要货不急重服务条件，有的重成本。因此企业需要弄明白对方重视什么，然后因地制宜，量体裁衣。另外，在选择供应者的时候，面临着大量的讨价还价。组织市场的采购者都是专家，专家看内在不看外在，以什么价格成交是关键。这个时间作为销售产品的一方来讲，都希望价格高一点，怎么让它高起来呢？首先，讲清自己的产品与别人的产品竞争的优势在哪里。大家可能会说，你的产品和别人的质量一样，你为什么价格高？因为我的服务好啊！别人可能还说你的服务和别人一样，你为什么价格高？我产品的寿命长啊！通过这些让别人理解为什么提高价格，为使自己所需要的价格成交打基础。

（7）发出正式订单。

（8）绩效评估。在使用的过程中看看使用的状况如何，从而确定对你的评价，为今后大量的购买打下基础。

第三节　影响采购的因素

1. 环境因素

环境因素包括政治环境、经济环境、文化环境、自然环境等。从政治环境上讲，如果国家提高了对药品的检验标准，制药厂的原料采购必须提高质量。从经济环境上讲，人们的生活水平提高了，需要高档产品，对你的采购也提出了新要求。

2. 组织因素

（1）与组织的目标有关。组织原来是做低档产品的，现在是做高档产品，那当然需要的原料质量高了。

（2）与组织的政策有关。有的对业务员要求很严格，有的要求很低，这对他的购买有影响。

（3）与组织的采购程序有关。由于企业的生产过程及生产资料本身的不同，其采购生产资料的过程也是不同的。

（4）与组织制度有关。近年来，随着经济发展，各个企业的内部组织机构不同，它的采购制度也有所不同，有的企业设立若干事业部，采购工作由各事业部自己负责，有的企业只设立一个采购部门，统一负责企业的全部采购工作。我国企业的组织结构和组织制度呈现以下变化趋势。

①采购部门升级。现在的企业竞争越来越在后方竞争,采购的质量不好,采购的成本太高,竞争优势就没法发挥。为了加强对采购的管理,往往都设采购副总裁。

②集中采购。优点是质量高、价格低,有助于提高企业的竞争优势。

③招标采购。招标采购能使企业在竞争中得到最大的好处。招标采购不见得是价格最低的成交,而是提供价值最高的企业中标。

④零库存采购。零库存并不意味着绝对的零库存,而是意味着尽可能地降低库存。因为交通、通信发达了,过去准备得很多,现在可能准备得少一点。

⑤长期合同。一旦觉得你好,签订长期合同。

⑥采购绩效的评价。加强对采购员的管理,采购质量高、成本低的表扬,反之批评。

3. 人际关系的因素

组织市场的采购是繁琐复杂的,受很多人的影响,必须明白谁是说话算数的,谁是能影响人做出决策的,谁是说好话不算数说坏话算数的。

4. 个人的因素

做某一个人的工作的时候,要了解他的年龄、收入、阅历、性格、偏好等。为什么呢?顺应别人的需求,为最终的做工作打下基础。组织市场的采购充满着复杂的人事关系,因此要在这个市场销售,必须做大量的、深入细致的工作。

第一,你不仅要做采购部门的工作,还要了解他的生产部门、质量部门、科研部门、销售部门对原料的采购有什么样的要求,他们能对采购部门施加影响。采购部门的人最怕受到其他部门员工的抱怨,你明白了其他部门需要什么,就为你的产品的生产尽可能地满足大家的要求打下了基础。要影响一个人,必须还得做影响这个人的背后力量的工作。

第二,在做采购中心内部工作的时候,要弄明白谁是决策者,谁是影响者。因此,做工作时要谨小慎微,因为不知道他们之间的矛盾关系如何,轻易不要说话。一旦摸清楚了,你就重点影响能影响他的人,促进决策者做出决策。对于说好话不算数说坏话算数的,你也要做他的工作。因为一旦把主要矛盾解决了,次要矛盾就成为主要矛盾了。

第三，做某一个具体人工作的时候，一方面要了解这个人的生活阅历、偏好等，另一方面还要影响能影响这个人的因素。如他的孩子，他的太太，他的父母，他的朋友等。这叫夫人外交，孩子外交，这叫利用周围的力量来影响他。这不叫走后门，这是人和人之间正常的联系。

据说，20世纪90年代的时候，四川保险公司到长虹推销保险的时候，不送什么礼物，因为长虹的人收入蛮高的，钱多的人对钱是不在意的。但是，他很累，他需要休闲，于是就带他们去钓鱼。结果钓了一下午鱼很开心，开心的过程中说什么话都能听进去，很高兴事情就办完了，钓的鱼还不拿走，都放在他这里了。这就叫发现目标顾客的需求，并加以满足。

为什么要根据个人的阅历、偏好、性格、收入等其他方面的状况而实施营销呢？有一个北大企业家培训班的学员说，他是做药的，经常给人家送红包。对这种问题，营销学怎么解释？我说按照营销学的理论，很容易得到解释。马斯洛的五个需求说告诉我们，人的第一需要是生理需要。现在医院是我们国家高度控制的部门，市场化最慢的部门，国家给他的收入又低，但是承担的风险又大，他对物质有追求。因此在这种情况下，你用送红包的办法能起作用。随着民营资本进入医院，意味着能大幅度提高医生的工资，工资提高了，医院就会对你的腐败行为坚决打击，到这个时候你怎么办？他说，美国医生的收入很高，中国的医生收入很低，中国很长时间做不到高薪养廉。我说，满足都是相对的。20世纪90年代初的时候，北大有不少老师想跳槽，这个时候你能给他一间房子，他就能留下。什么叫满足了？缺乏的得到了就叫满足，他不跟美国比较，他跟自己的过去做比较。

现在很多人讲，20世纪80年代的买卖好做，把采购员拉到卡拉OK厅，到洗澡间里洗个澡、唱几首歌就办完了，现在不好办了。为什么呢？20世纪80年代的中国，国有企业效率低，管理不完善，因此采购人员犯错误的现象很多，你能通过采购员个人的满足来实现你的利益。但到了90年代，形势就变化了。国有企业进行大规模的改革，国有企业的员工和国有企业的命运高度地连接在一起，在这种情况下，他不会为了两万块的红包而丧失他一辈子的工作，他要在成本和利益之间做一个比较。因此，我们不仅要看到今天，还要看到明天，不能经验主义，也不能教条主义。

还有，采购人员是别的企业的销售人员做他的工作，他有可能滥用组织的信任犯错误，企业要加强对采购人员的管理。

课程回顾

一、组织市场的定义、类型与特点

1. 定义：由购买产品（服务）的正式组织构成的市场。

2. 类型：产业市场、中间商市场、机构和政府市场。

3. 特点：

①从市场购买方面来讲：购买量大，地理位置相对集中。

②从市场需求方面来讲：派生需求，需求弹性小。

③从购买决策方面来讲：购买人数少，受过正规训练，购买决策复杂、繁琐。

④从双方关系保持度方面来讲：长期关系。

⑤其他特点：直接采购、互购、租赁业务。

二、产业市场购买类型、购买决策者和购买决策过程

1. 购买类型：新购、重购、修订后重购、系统采购。

2. 购买决策者：使用者、倡议者、影响者、决策者、购买者和信息控制者。

3. 购买决策过程：①问题识别；②确定总体需要；③详述产品规格；④查询供应者；⑤征求供应信息；⑥选择供应者；⑦发出正式订单；⑧绩效评估。

三、影响购买的因素

1. 环境因素（政治、经济、文化、自然等）。

2. 组织因素（目标、程序、组织机构、制度）。

3. 人际因素。

4. 个人因素（权力、地位、阅历、教育、职务、性格、风险、态度）。

第十六讲

顾客让渡价值、价值链与价值让渡系统

本讲主要内容

一、顾客让渡价值

二、价值链

三、价值让渡系统

第一节　顾客让渡价值

经济学是经过了一个变化的。在亚当·斯密时代，经济学研究如何促进全社会财富的总增长，因为当时的资源相对于还落后的生产力来说非常得充分，不存在资源缺乏的问题，因此，亚当·斯密的书叫《国富论》。到了19世纪60年代，西方经过一百多年的发展，开始出现了资源缺乏的局面。劳动力、各种生产资料、土地、货币都出现缺乏现象。在这种情况下，经济学研究的重点变了，开始研究如何提高每一种资源的使用效率。到了20世纪60年代，经济学的研究方向、研究重点又为之一变，开始研究人的行为。经济学在20世纪60年代的研究，对我们今天的企业管理，无论是对内的员工管理，还是对外的顾客管理，都是非常有价值的。

人为什么这么干而不那么干呢？根据经济学的研究，都是头脑中预期收益和预期成本的比较。假如这件事情的预期收益和预期成本比较后的结果大于干别的事情,那他肯定干这件事情。因此,你若让人干另一种事情,你就必须使其认为干另外一件事情的预期收益和预期成本的比较大于做这件事情的比较,你应当顺应人们对富贵的追求。因此来讲,怎么能让员工辛勤地劳动? 怎么能让客户长期地忠诚于你? 怎么能让客户购买你的产品,而不购买别的产品? 你就要改变他的头脑中预期收益和预期成本的结构。预期收益到底由哪些部分组成呢? 预期成本到底由哪些部分组成呢? 在营销学上,这个就成为顾客让渡价值。顾客购买的总收益可以用总价值来表示,顾客购买的总支出可以用总成本来表示,总价值和总成本的比较,就是顾客让渡价值。也就是说顾客在购买这个产品当中,得到的最终的满足大于别的产品,他肯定购买你的。

著名的电器生产厂商TCL的企业经营理念是为顾客创造价值。创造什么样的价值? 就让顾客购买这件产品的总收益和总成本比较后的结果高于购买别的产品。明白了这个道理你就会明白,为什么同样的商品在不同的商店里卖得有好有坏? 为什么同样的商品在同样的商店里,在不同的业务员手中卖得有好有坏? 为什么同样的产品在同样的商店在同样的业务员手中,但在商店的不同货架上卖得有好有坏? 你明白了这个道理,你就会主动性地去加以改变。

(一)购买的总价值主要由四个方面组成

1. 产品价值

就是说购买这件产品给我带来的满足,或者说使用这件产品给我带来的满足。关于产品的价值我们曾经讲过,同一个产品在不同的时间内给人带来的价值是不一样的。羊绒衫在冬天带来更大的价值,在夏天带来最少的价值,甚至是负价值。同一个产品给不同的人带来的价值也是不一样的。现在非常渴的人,你给他一杯水,那等于雪中送炭,那等于久旱逢甘霖。对于一个根本不渴的人来讲呢? 你给他一杯水喝,他根本没有这方面的价值感。这就是说消费者在消费这个产品后得到的满足,取决于不同的人,取决于不同的时间和地点,这是可变的因素。

2. 形象价值（品牌价值）

消费者在消费一个产品的时候，不仅要求这个产品给他带来物质的满足，还要求这个产品给他带来心理的满足和身体的享受。比如说同样是一个厂家的羊绒衫，打上鄂尔多斯的商标，人们就愿意买，为什么？人们穿上鄂尔多斯的羊绒衫有一种安全感的保证，有一种心理受尊重的感觉。

我曾经去过浙江宁波一家著名的洗衣机生产厂家，他的产品自己卖，卖三百多块钱，打上名牌的商标卖一千多块钱。这就是品牌形象的作用。尤其是对非集团客户。非集团客户什么特点？规模小，看眼前利益，重外在形象，受周围人的舆论影响大。因此，你怎么能影响非集团客户？就要借助于媒体的力量形成一个广泛的对你好的社会舆论，才能影响他做出购买你产品的决定。

3. 服务价值

服务价值就是消费者在购买产品的过程中得到的来自企业的品牌、环境、服务态度、服务质量等给他带来的享受。服务价值包含两个方面：一是服务态度，二是服务质量。等大家的服务态度普遍不好的时候，你的服务态度好，就能给消费者带来更大的享受。大家的服务态度普遍好了，谁的服务质量高，谁更能给消费者带来更大的享受。

4. 人员价值

销售人员在销售产品的过程中，高素质的工作质量，良好的服务态度，良好的形象给消费者带来安全感、愉悦感，这种心理的满足，被称为人员价值。这是工作人员在销售产品的过程中给顾客所带来的。所以我们可以看到企业里边经常发生这种事：一个优秀的业务员走，可以带走一批客户，为什么呢？因为顾客不是购买专家，顾客也不知道这个产品的好与坏，他们往往通过对这个业务员的评价，作为降低购买风险的标志。所以，同样的产品在销售的过程中比什么？有形产品一定的情况下，比无形产品，如品牌、广告、方便的购买、业务人员的劳动，给消费者带来的那种心理的满足等。

(二)顾客购买的总成本

天下没有免费的午餐,消费者在购买产品的过程中,要付出一定的代价,这个代价包含什么呢? 也是四个方面:

1. 产品成本

一件鄂尔多斯羊绒衫一千两百多块钱。但是消费者在购买这个产品的过程中付出的代价不仅是这一千两百块钱,还包含着其他成本。

2. 时间成本

消费者为购买一个产品需要收集有关产品的信息。那么多品牌的信息,还要来判断,最后做出购买决定,经常是货比三家。所有这一切都要付出时间。时间是不是金钱啊?

3. 心理成本

消费者在购买产品前,唯恐收集的信息不全。购买产品的过程中,唯恐被欺骗。产品购买了之后,唯恐生产者不兑现自己的承诺,这都是一些心理负担啊! 这些心理负担也可以转化成货币来表示啊! 另外我们经常看到,周末小两口一齐到商店里购物,乘兴而去,败兴而归,为什么呢? 吵架了。为什么吵架呢? 对一个产品的意见不一致,应该购买这个产品还是那个产品,大家达不成一致的意见,公说公有理婆说婆有理,最后闹得不欢而散。这就导致了心理成本的产生。

4. 体力成本

某产品的价格可能是两百块钱,但是我买这个产品要打出租车跑到市里边的商店里去,打出租车的费用就一百多,中午还吃顿饭,还被什么饮料、羊肉串所诱惑,又买了一些不相干的东西。结果我算了算,买产品花了两百元,其他花费了两百元,算下来四百块钱。

总价值和总成本比较后的结果就是顾客让渡价值,顾客得到的享受越大,他就越买谁的产品,反之他就不买谁的产品。

不难发现，总价值里边是不是包含着顺应顾客对富贵的追求？富是什么呢？产品的价值，产品给我带来的物质享受。贵呢？心理得到的诸如形象价值、服务价值、人员价值等所有满足的总和。产品成本主要是他付出的货币的代价，后边的时间成本、体力成本、心理成本，主要是精神方面付出了代价。因此顾客让渡价值理论能给我们解释清楚生活中的很多问题。为什么同样的产品，有的卖得好，有的卖得不好？就是因为无形产品给消费者带来的享受和付出的代价不一样。为什么有时一般的产品比好产品卖得还好？可能我这个产品比不了你，但是我的无形产品做得好，我的广告做得好，我把消费者想了解的问题，把消费者的顾虑，都准确地表达了出来，另外，我的工作态度好，我的工作质量高，所有这一切，都提高了顾客的让渡价值。

（三）顾客让渡价值对我们营销工作的启发

（1）顾客不仅追求物质的满足，还追求精神的满足，不仅追求生理的满足，还追求心理的满足。作为企业来讲呢？不仅要给予消费者有形产品的满足，还要争取在无形产品的享受上下功夫。

（2）提高顾客的让渡价值。或者提高顾客购买的总价值，或者降低顾客购买的总成本，或者两者同时做文章。顾客购买的总价值包含着物质的部分和精神的部分，顾客购买的总成本，也包含着物质的部分和精神的部分。企业应从这两个方面做工作来提高顾客的让渡价值。

为什么名牌产品卖得好？名牌产品能提高顾客的形象价值。因为是名牌，夫妻双方很容易达成一致，心理成本降低了吧！因为是名牌产品，不需花费那么多的时间来搜集信息，判断信息，时间成本降低了，体力成本也降低了吧！因此名牌产品，一方面能提高总价值，一方面还能降低总成本，这就是为什么名牌产品卖得好的原因。

为什么服务好的产品销售得好？服务好意味着能提高顾客的服务价值。服务价值高，意味着顾客购买的人员价值也提高了，形象价值也提高了，这样顾客购买的总价值提高了。因为你服务得好，你能解答出我的问题，你把我的心理成本降低了。家庭很容易达成一致意见，把时间、体力成本都降低了。顾客价值提高了，顾客的成本降低了，当然顾客让渡价值高啊。这就是服务好的产品卖得好的原因。

为什么同样的产品，在不同的商店里卖得有好有坏？产品一定的情况下，不同的商店，它的服务素质，它的人员素质，给顾客带来的享受不一样，因此顾客购买的让渡价值不一样。为什么同样的产品，同样的商店，在不同的业务员手中，卖得有好有坏？因为不同的业务员，给顾客带来的服务价值、人员价值不一样。

为什么在同样的业务员手中，放的位置不一样，卖得有好有坏？你放的位置太高了，顾客抬头看。你放的位置太低了，顾客弯腰看。一抬头一弯腰什么意思？顾客购买的那个弯腰成本、抬头成本提高了。在别的方面都一样的情况下，差距就比出来了。企业竞争说到底就是一点一点地比较，没有最好，只有更好。

（3）对于集团采购的产品而言，要提高顾客的购买价值，就要使组织的让渡价值和采购员个人的让渡价值总和最大化。不仅要让组织满足，还要让采购员个人满足。至于二者之间什么比例，取决于具体的环境条件。20世纪80年代的时候，采购员个人掌握了很大的权力，你让采购员满意，他就会买你的产品。到了90年代不行了，企业管理加强了，采购员和企业的命运越来越统一在了一起。现在采购员买东西，总是在产品质量差不多的情况下，跟谁私人感情越好，他就越买谁的。

（4）不同的客户群对产品价值的期望和对各项产品的重视程度是不同的。这意味着什么呢？企业应根据不同客户群的特点，有针对性地设计和增加顾客购买的总价值，降低顾客购买的总成本，使顾客的需要得到最大价值的满足。

我举一个例子。咱们国家有一个著名的家电品牌，它的服务是非常有名的。它的服务在中小城镇和乡村，大家反响特别好。但在大城市呢？反应不好。为什么呢？大城市的人时间紧张，工作压力大，时间成本高，你总是一遍一遍地打电话，他烦了。于是会抱怨："你烦不烦人呢？""怎么老是打电话""告诉你挺好的，你为什么还是那么烦人"。

（5）顾客并非总是能准确地判断产品的价值。因此要加强教育，树立品牌形象。家电产品就质量来讲，经过激烈的竞争，普遍差不多吧。但是为什么还是卖得有好有坏? 顾客并非能准确地认识, 因此应当通过宣传, 通过广告, 通过教育提高品牌形象, 加速人们的购买, 尤其对于非集团客户的产品, 树立良好的企业形象特别重要。

(6) 要战胜竞争对手, 就必须比竞争对手, 赋予更多顾客让渡价值的东西。首先要对竞争者的供应, 进行整体顾客价值和整体顾客成本的分析, 研究他的弱点, 研究怎样突破。其次, 针对其弱点, 提出改进方案。那么对于弱点的办法是什么呢? 你或者在提高顾客的总价值上下功夫, 增强服务, 你或者在降低产品的成本上下功夫。比如说燕京啤酒。北京有一段时间五星啤酒卖得比燕京啤酒好。燕京啤酒是怎么取代五星啤酒的? 燕京啤酒因为弱, 就沿街叫卖, 碰到老百姓给你扛到家。不同品牌啤酒的质量, 你说能差到哪里去啊? 有多少人可以品尝出差别来? 后来, 老百姓到饭店就餐时就问, "有没有燕京啤酒?" 问多了, 饭店自然答应进一批燕京啤酒。燕京啤酒就是这样一步一步地挤进了五星啤酒的市场。

(7) 顾客价值适度化而不是最大化。为什么呢? 顾客价值最大化了, 意味着企业投入太多了, 投入多了, 成本高了, 当然利润下降了, 但企业最终还是赚钱啊。

第二节 价值链

要满足顾客的需要, 从表面上看是营销人员的前前后后的工作, 但是背后呢? 它是企业内部生产、科研、采购、行政, 甚至保卫部门, 各方面综合配合的结果。大家共同提高顾客购买的总价值, 降低顾客购买的总成本。这意味着企业内部各部门的协调, 该是多么重要! 但是企业内部要做到协调是不容易的。为什么呢? 分工造成人们认识上的视野的狭隘, 分工造成了协调的成本的提高, 应该协调, 但是不容易做到协调。企业应该从以下几方面做工作。

(1) 企业要强化岗位意识, 提高岗位工作质量, 把身边的事做好。

(2) 加强企业各执行部门的协调。提高岗位工作质量的办法又有两个: 一是企业检查价值链中每个环节的成本和绩效，并寻求改进；二是估计竞争者的成本和绩效，以此作为超越的基准。

加强各部门协调的办法也有两个。

（1）以信息为中心，强化全员顾客教育，提高各部门的全局意识。营销经理有两大工作：对外教育顾客，将内部的信息传递到外部去；对内教育员工，将外部的信息传递到内部来。使大家在了解市场大局的基础上，增强发挥人的潜力。

（2）加强核心业务流程的管理建设，包含着新产品开发流程，存货管理流程，订货汇兑流程，以及顾客服务流程等。如何建立业务流程的协调？成立一个委员会将各部门组织起来，通过权威来协调，这样顾客服务流程、新产品开发流程、存货管理流程中存在的部门内部推诿问题，就能得到有效的解决。强大的公司，都是在管理上的核心流程中具有竞争优势的公司。家和万事兴，攘外必先安内。

第三节　价值让渡系统

企业要给顾客最大的让渡价值，不仅营销人员要工作得好，还要调动内部各部门做得好。另外还要加强跟合作伙伴的联系，大家共同协调，提高竞争优势。因此企业是带着一个合作联盟来跟竞争对手的合作联盟展开竞争的。用中国人的话讲叫什么呢？内治外交。（内部的协调叫内治，外部的协调叫外交。）怎么建立跟合作伙伴的关系呢？企业可以把合作伙伴，如经销商、供应商等，按照他的重要性，按照他的采购量，把他们分为三个层次：战略伙伴成员，重要伙伴成员和一般伙伴成员，实行不同的政策，进行不同程度的协调和沟通。这叫利用关键少数制约次要的多数。营销意识不仅体现在客户上，在你的供应商、经销商方面也应该有营销意识，建立战略伙伴关系，从而提高企业的竞争优势。

课程回顾

一、顾客让渡价值

1. 定义：顾客总价值与总成本之间的差额部分。

2. 顾客总价值：产品价值＋服务价值＋人员价值＋形象价值

3. 顾客总成本：产品成本＋时间成本＋体力成本＋心理成本

4. 顾客让渡价值对我们营销工作的启发。

二、价值链

每一个公司都是在设计、生产、销售、配送和辅助其产品的过程中进行活动的集合体，每个部门都可以看作是企业价值链中的一个环节。

三、价值让渡系统

为了追求成功，企业还需要超越自身的价值链，进入其供应商、经销商乃至最终顾客的价值链中寻求竞争优势。

第十七讲
如何创造顾客的满意度
——兼论如何让顾客不断地重复购买

本讲主要内容

一、如何创造顾客的满意度

二、如何考察顾客的满意度

三、如何看待顾客的满意度

顾客让渡价值、价值链和让渡系统，重点表达一个什么意思呢？怎样让顾客购买我的产品，而不去购买我的竞争对手的产品。要做到这一点，必须提高顾客购买的总价值，降低顾客购买的总成本。但是顾客买了一次不见得买第二次，能不能连续不断地购买，取决于能不能让顾客高兴，能不能让顾客产生一种满意的感觉。顾客感到满意，便从一种最初的满足到达了一种高度满足的状态，达到了爱屋及乌的境界。到这个时候别人说你的坏话，顾客也轻易不信。对企业的理解，也就从对产品的理解到达一种对企业人格的评价，所谓品牌忠诚也是这个意思。人人都会犯错误，但是当人们对他没有达到高度信赖的时候，他犯了错误，人们马上就能表现出自己的态度来。而当人们对他达到充分信赖的时候，即使他犯了非常严重的错误，人们也能对他加以高度的谅解。

孔子带领着他的学生周游列国的时候，有一个学生要到其他国家去做官，就问孔子，我要到外地去当官了，老师有什么要嘱咐的？孔子讲，第一，要有充足的粮食，即"足食"。第二，必须加强国防装备，即"足兵"。第三，要让老百姓互相相信，创造一个人和人之间互相相信的社会状态。学生又说了，这三个条件挺高的，假如要去一个，去哪个？孔子说，把国防装备去掉。那么再去一个呢？就把粮食去掉。学生讲，没有了粮食，人怎么活呢？孔子说，人自古皆有死，民无信不立。什么意思呢？人谁都有死的一天，但是人之所以为人，是靠着一种精神在活着，你能达到让人们信任的环境，即使你犯了错误，也能给你高度的谅解。

以毛泽东为论。毛泽东晚年犯了严重的错误，尤其是20世纪60年代的三年自然灾害，饿死了不少人，但是民众不仅没有反抗，反而跟党一起渡过难关。人们怎么形容毛泽东的？他是好心犯错误，是伟大的人物犯的错误。谁能不犯错误？如果人们对毛泽东没有形成一种高度的信赖，会这样吗？

所以企业能让顾客购买，那是第一步。要让顾客不间断地购买，就必须让人家高兴。让顾客高兴，就是让顾客满意。所谓顾客满意，就是顾客心理满足的一种状态。即顾客消费你的产品后，对产品的实际性能的认识和对产品的预期性能比较后的心理状态。对实际性能的理解小于对产品预期性能的理解，顾客会是什么感觉？不高兴。如果对产品实际性能的理解和对产品预期性能的理解正好一致。顾客会是什么感觉？满意。假如对产品实际性能的理解大于对产品预期性能的理解，便是高度的满意。高度满意的顾客，会不间断地重复购买。（满意的顾客也会重复购买，但不如高度满意的顾客重复购买率高。）高度满意的顾客不但自己买，还将自己高兴的心情传递给别人，让别人跟他一起分享。一个不满意的顾客呢？不仅自己不买，还影响周围的人不来买，他要将自己不买的话告诉别人。既然顾客购买这么重要，我们就应该研究怎么创造顾客满意度。

第一节　如何创造顾客的满意度

顾客满意是一种心理状态，是对产品的预期性能的理解和实际性能之间的比较后的结果。要让顾客满意的办法也很简单，或者降低顾客对产品预期性能的理解，或者提高顾客对产品实质性能的评价，这样一低一高，他当然满意了。大家可能要问，现在竞争这么激烈，广泛宣传，顾客都不见得来买，为何要降低顾客对产品预期性能的理解？我的意思是说，不是不让你把一个产品的优点充分地表达出来，而是说在表达的时候不要过分，不要做过分夸大实际的宣传。为什么呢？夸大实际的宣传，会让消费者来购买，但是消费者购买以后，如果产生的预期性能的理解太高，实际性能不如它，他就会不满意。不满意什么感觉？不仅自己不会来购买，还会影响别人也不来购买。所以，在宣传的时候要留有余地，留有分寸，宣传要适度。

国外的一些大公司，品牌信誉已经奠定了，大家已经对它高度信赖了。它在宣传的时候往往故意将优点压低一些，少宣传或者说不宣传。目的呢？我宣传得这么少，大家评价这么高，一旦消费感觉很好，这不是更高的满意吗？什么叫不满意？谁能说出个客观标准来？如：学生考试，81分能让他高兴，还是96分能让他高兴？这很难说。如果学生预期成绩是98分，考了96分他就不高兴，假若他预期的成绩是80分，考了81分他就会很高兴。所以说，满意是一种比较的状态，是相对的概念，而不是绝对的概念。你要让顾客满意，你必须明白他的购买行为的规律，然后运用这一规律来改造他，来调动他。

第二节　如何考察顾客的满意度

1. 开展顾客满意度调查的重要性

它能帮助企业了解以下几方面的事情。

第一，为什么顾客愿意购买本企业的产品？他们喜欢产品的什么性能？这会坚定你的信心吧？

第二，为什么有的顾客会转而购买竞争对手的产品？他们喜欢竞争对手产品的什么性能？这会为弥补我们产品的缺陷打下基础。

第三，顾客对本企业产品有什么要求？有什么令他们不满意之处？企业应怎样加以改善以满足他们的要求？

2. 怎样才能调查出顾客是否满意

没有调查没有发言权，要想调查出顾客的满意度，必须深入到消费者当中，做深入实际的调查研究。具体的办法有以下几个。

第一，建立顾客的投诉与抱怨系统。即，建立顾客投诉热线，顾客的不满意可以通过投诉热线反映。优点之一，与其让他在外面讲影响企业的信誉，还不如让他在家里讲，家丑不可外扬。优点之二，他能为新产品的开发打下基础。顾客的不满意恰恰是顾客的缺乏之处，为我们工作的开展，为我们新产品的开发打下基础。海尔的很多新产品，包括有形的新产品，无形的新产品，都是这么开发出来的。

第二，要开展顾客满意度调查。具体方式可通过打电话、发调查问卷、现场征询等。为什么仅仅建立顾客的投诉热线还不够，还要开展顾客满意度调查？这是因为不满意的顾客中，会有相当一部分人是不会来投诉的。我们中国人有集体主义的传统，讲集体主义就讲面子。讲面子什么特点呢？有了好处到处讲，让大家崇拜我，让大家信任我，让大家羡慕我。有了坏事不会去讲，害怕大家嘲笑我，成为别人的谈话资料。但是不讲不等于他满意，通过顾客满意度调查，通过这种方式让他讲出来。这一点对我们中国人尤其重要。

第三，佯装购买法。具体方式有：领导的微服出访，委托总部的人到下面来调查顾客的意见，或者委托一个调查公司来调查顾客是否满意等。有的企业甚至这么做，故意伪装成顾客到自己的柜台前来购买产品，故意用有刺激性的语言来看看自己的工作人员表现如何。这样做，有利于为提高工作人员的素质打下基础。比如说招商银行的老总马伟华先生，最初他搞一卡通、一网通时，手上经常有别的银行的信用卡。目的是什么呢？通过我的使用，看看别人的信用卡有什么优点。鞋厂的老板，往往爱穿别的厂家的皮鞋，以顾客的面目来感受一下他人的优点和弱点，为我的提高打基础。泰康人寿保险公司，经常给顾客打电话，是不是我的业务员做了过高的宣传？是不是替顾客签字？是不是引诱顾客购买？等等，为改进工作打下基础。

第四，失去顾客分析。企业再怎么做让顾客满意的工作，总会有一些顾客流失。流失的顾客，有一部分是客观原因流失的。比如说我调走了，比如说我不做这个产品了，然而有相当一部分是不满意流走的。通过流失顾客的调查，你能了解顾客的不满意在什么地方，为什么流失了，怎样弥补自己的缺陷。有一些企业，员工流失了以后，都会找流失的员工，最后吃一顿饭。你为什么流走了？你对企业还有什么看法？你认为企业怎么改进才能让员工的流失率降低？从而为改进自己的工作打基础。

通过上述的讲解，我们可以看到，考察顾客的满意程度，有两条信息渠道：一条是正式的信息渠道，一条是非正式的信息渠道。正式的信息渠道是什么呢？下级的报告，上级的考察，具体来讲，有顾客投诉系统，有顾客满意度调查等。非正式渠道有佯装购买法、群众的举报等。

为什么要建立两条信息渠道？这是因为正式渠道是企业正规的渠道，下级对上级经常存在欺上瞒下，报喜不报忧的倾向，因为在一个严密的组织当中，下级要得到自己的利益，就要满足上级的要求，因此经常报喜不报忧。这就使得企业和员工的信息，企业和顾客的信息，得不到流畅的传递，从而企业对顾客的要求得不到相应的满足。由于存在这个弱点，企业就需要非正式的信息渠道作为补充。正式的信息渠道是看得见摸得着的，非正式的信息渠道是看不见摸不着的。

我的一个好朋友在山东某高校当班主任。他说当一个小小的班主任，都有两条信息系统。一条是班委会给他的汇报，一条是班级几个跟他私交不错的同学的报告。他去班级的时候并不多，但是班级的情况，几乎都在他的掌握之下。正式系统总是有一些事情不跟他汇报，但是总有些同学到他家里去或给他打电话，大家不自觉中就跟他讲了。老师就明白，班长有一些不好的事没跟他讲，于是在跟班长的下一次电话中，稍微一提，班长就意识到了。哎哟，这个老师真厉害，这个事他还知道。以后，他就不敢不汇报了。所以中国历史上的帝王，他总有两条信息渠道：一条是正式的，一条是非正式的。如果说领导下去，提前经过组织介绍，打个电话让下面准备，你能看到什么样的信息？你看到的绝对是一个有准备的和伪装的信息，而不是真实的信息。而我们要得到关于消费者需求的真实的信息，不是虚假的信息。

第三节　如何看待顾客的满意度

1. 顾客的满意度是个动态的概念

顾客今天满意了不见得明天满意，其满意程度要随着需求的改变而变化。比如，当大家的态度普遍不好的时候，你的服务态度好，你对人很热情，你就有竞争优势。我记得20世纪80年代初，全国的商业服务态度普遍不好，这个时候有一个服务员的态度很好，他马上就是标兵，马上就是全县人民瞩目的榜样。因此让顾客满意，也是要随着顾客需求的改变而改变。有的时候要增加服务项目，有的时候要减少服务项目。

中国的宾馆、饭店往往都准备牙膏、牙刷、拖鞋，增加服务项目。但是你到国外，你到香港去呢？人们的文化素质提高了，人们的生活水平提高了，人们的健康意识提高了，往往自己准备牙膏、牙刷、拖鞋，这个时候你就应当把原来的服务项目砍掉，砍掉了他才满意。现在有的人出差都自己带着床单。这些都意味着什么呢？为人民服务的宗旨是不变的，为人民服务的形式要不断发生变化。

2. 顾客的满意是个比较的概念

没有最好，只有更好。你要让顾客90%地满意，你感到很不错了。但是，人家竞争对手让顾客95%地满意，你做得还不够好，你还应当再努力。

3. 顾客满意要适度化，而不是最大化

道理很简单，企业是赚取利润的组织，企业要得到利润不见得一定要顾客满意最大化，可以加强采购，可以提高工作人员的素质，可以在生产上做文章，目的就是赚取利润。赚取利润的方法很多，让顾客满意只不过是其中的一个办法，而不是最终的办法。此外，企业是让好多方面的人满意的，不仅要顾客满意，还要让他的合作伙伴满意，要让股东满意，要让员工满意，他的利润要在这些合作伙伴之间做一个合理的分配。普遍让大家满意了，才能维护下去，用中国人的话讲叫什么呢？摆平。不能只摆平一个方面，要把多个方面都摆平了，这时企业才能健康发展。

　　因此企业不仅要让最终顾客满意，还要使方方面面都满意，只不过满意是有层次差别的。让有的顾客更满意，有的顾客一般满意，有的顾客最低限度满意，实在没有办法让他满意的时候，让他的不满意程度最小化。有些人要故意让他不满意，向他传递一个信息，让他改正。因此让顾客满意是分层次的。公司必须贯彻下列的指导思想：传递高水平的顾客满意，需要在公司的资源范围内进行，并能给其他的利益方提供至少可以接受的满意条件。

　　总之市场营销的目的，是可赢利地创造顾客价值，这就需要非常细致地处理顾客满意和企业赢利之间的平衡关系。企业需要创造更多的顾客价值和满意，但是也不能倾家荡产，企业必须在两者之间寻求平衡点。

　　美国营销学家费斯廷格（Festinger）和布拉默尔（Bramel）是这样认为的：多数非日常性的购买，消费者在买后都会有不平衡感。只要存在两种选择，大家就会存在不平衡感，或多或少而已。为什么呢？因为他的每一个决策都有利有弊，利是要得到的，弊是要失去的。而顾客希望所有的利都得到，于是就看着这山望着那山高。在这种情况下，顾客在购买后都会有程度不同的不平衡点。铅笔、橡皮、笔记本买差了就买差了，价钱也不高。但是大件产品的购买，价值比较高的产品的购买，消费者为什么花费那么长的时间，道理就在这里。购买后感到满意的顾客，会不间断地购买。为什么呢？他也要寻求平衡。他满意了，他感到高兴了，要通过多购买平衡起来，会用高兴的话语告诉他人，让他人也来购买。这就是广告界的一句名言：满意的消费者是最好的广告。

　　不满意的消费者有什么表现呢？表现基本是两种：一种表现是寻求有利于自己平衡的信息。这叫阿Q精神胜利法，寻求外在的一些有利于自身目前购买状况的信息。看看我购买的还是不错的，这才能平衡起来。要不还要让人家怎么活下去啊！还有一种平衡办法是抱怨、发牢骚、投诉、退货等，甚至告诉别的人不要来购买，说你的坏话等。因此作为企业必须了解顾客购买你的产品后的满意程度，以及他的表达方式。

课程回顾

一、如何创造顾客的满意度

1. 顾客满意是顾客心理满足的一种状态, 是对产品的预期性能和实际性能比较后的结果。

2. 创造顾客满意的方法:

①降低顾客对产品预期性能的理解。

②提高顾客对产品实际性能的理解。

二、如何考察顾客的满意度

1. 建立顾客投诉和抱怨系统。

2. 开展顾客满意度调查。

3. 佯装购物法。

4. 失去顾客分析。

三、如何看待顾客的满意度

1. 动态概念。

2. 比较概念。

3. 适度化而不是最大化。

4. 顾客高兴了会重复购买, 并且向他人做积极宣传。

5. 顾客不高兴了就不再购买公司产品, 并且会散布对企业不利的言语, 或做出一些过激行为。

第 十八 讲
创造顾客忠诚

本讲主要内容

一、什么是顾客忠诚

二、如何创造顾客忠诚

这几年我经常去企业，问企业的领导，现在最苦恼的是什么？企业领导说，现在最苦恼的是东西卖不出去。我又问，最渴望的是什么？企业领导说，最渴望的是顾客能变成忠诚顾客，只买我的东西不买别人的东西。这反映了大家的一种什么追求呢？希望顾客能成为自己的忠实顾客，连续不断地、永久地购买自己的产品。企业都希望做百年老店，希望自己的组织生命力长久，也希望自己的客户，尤其是一些好的客户，跟自己的关系能长久，长期跟随在自己的身边，这样自己的利益才能长久地最大化。

第一节　什么是顾客忠诚

1. 顾客忠诚的含义

在营销学上所谓顾客忠诚，就是顾客重复购买同一品牌或产品的行为。只有那些高度满意的顾客才能产生顾客忠诚。社会生活中有没有这种现象呢？肯定有。比如说在北京大学，20世纪80—90年代的时候，厉以宁先生的讲课那是座无虚席，很多人都爬到窗户上来听课。现在厉先生的课上座率仍旧是相当高，这是不是保持了二十年的顾客忠诚？作为厉以宁先生来讲，是不是一棵常青树？学术上、科研上的常青树。张维迎教授上课也是这样，只要是他的课，很多人都来了，慕名而来，来了能学到东西，感到满意了下回还来。这是不是学生的一种忠诚？这种忠诚是怎么培养起来的？我想这就值得我们研究。

历史上伟大的孔圣人，他的学生一辈子忠诚地跟随着他。他和学生是个什么关系呢？是个非常松散的关系，但是学生一辈子跟随着他。孔夫子的学生进了门，就没有毕业，学生也不愿走。有的不仅父亲跟着，他把儿子也带着来，父子两人同是孔子的学生，当然是不同时期的学生了。学生是怎么评价孔子的？说孔子是"高山仰止"，越看越觉着他高。也有人对子贡讲，都说你的老师好，我看未必，你看看孔子的学生，什么人都有，有富的，有穷的。有的穿的西装革履，有的穿着打补丁的衣服，看看你老师收的什么学生，就知道你老师的为人。子贡是这么回答的，好老师和好医生一样。好医生门前总是各种病人都有，有富的，有穷的，有贵的，有贱的，好老师门前也是各种学生，这正说明我老师的伟大。

作为企业怎么能像一团火，引得周围的人都围绕着你，我想这是所有企业都应该努力的。按照国外学术界的研究，忠诚的顾客是企业一笔非常宝贵的财富。美国的一项研究指出：多次光顾的顾客，比一次登门者，可为企业多带来20%到85%的利润。固定顾客的数目每增长5%，企业的利润则增加25%。要引来新客户，得先笼住老客户。老客户不断地走，新客户不会来。为什么？人家总是要问：我进来你走，你为什么要走？他总是要打听。打听的过程，就是信息搜集的过程，就是他建立对你的形象评价的过程。有人说顾客忠诚是非理性的，实际上还是理性的。为什么呢？假若对某厂家不忠诚，我就要对其他厂家做大量的判断，我固然得到了那么多产品的信息，但是我付出的成本多高呀！最后合不合算？这个人，我对他高度信赖，高度信赖是建立在对他以前的行为充分认可的基础上，一旦信赖他了，便会大大降低我的交易成本，我合不合算？

黑格尔说，合理的必存在，存在的必合理。原因是什么呢？你要让我全面地、客观地了解你，我必须付出很大的代价，但我不愿意付出那么大的代价，我要在既定的成本前提下认识你，我只能这样认识，你在没做坏事之前，假设你不会做坏事，一旦你做了，今后所有的坏事都是你做的。最发达的美国、欧洲都是这么看待人的，因为时间成本高啊！这就告诉人什么呢？必须注意自己的行为，你今天的行为会影响你明天的发展。因为大家没有这么多时间搜集信息，只能在这种社会评价基础上建立起对你的信赖。因此企业应该关注自己的行为，应该尊重自己的历史，关心自己的经历。营销人员也是在积累自己的资历，为对顾客形成强有力的影响奠定基础。我们的员工、中层干部，也是通过你的行为，建立对你的信赖。

2. 顾客忠诚是怎么建立的

顾客忠诚是经过两个步骤建立的。

第一，在消费你的产品过程中，我感到功能、款式等给我带来满足，这个满足使我对你的评价比别人高。

第二，假如我连续消费你的产品之后，连续不断地得到满足，那么我的这个满足必然会转化成为一种强有力的信赖，强有力的情感关系，达到喜爱、信赖、依赖、欣赏的程度，到这个时候最终的顾客忠诚才会产生。顾客忠诚说到底也是一种心理关系，是个心理范畴。而精神的范畴是建立在物质的基础上，没有消费你的产品的满意感觉，没有这种连续不断的满意感觉，是不会达到一种高度的情感依赖的。高度的企业忠诚是企业一点一点创造出来的，是一点一点给顾客连续不断地带来满足之后，顾客心理上的一种高度的信赖的关系。

3. 衡量顾客忠诚的标准是什么呢

标准一，是看看顾客重复购买次数。同样的情况下，顾客连续不断地购买，重复购买的次数多，说明你的产品顾客忠诚度高。当然由于产品的用途、性能、结构等因素不同，也会影响顾客对产品的重复购买次数。一般来说，彩电使用了八年才买第二台，八年后还买你的，说明你不简单。日久见人心，做一件好事并不难，难的是一辈子做好事。能让一个人对你评价高也不难，难的是长久地对你评价高。长久地对你评价高，就形成了一种高度的信赖。

标准二，顾客购买的挑选时间。同样的产品，购买别人的挑选时间多，购买你的产品挑选时间短，说明你的顾客忠诚度高。

标准三，顾客对价格的敏感程度。由于通货膨胀的关系，由于原材料涨价等关系，产品不可能不提价，提价了就看看顾客的感受如何，如果顾客转向别的产品，那说明对你的产品忠诚度还不高，如果坚定不移仍然买你的，这个时候你的顾客忠诚度高。顾客对价格是敏感的，因此价格能影响消费者的判断，但是当一个顾客，对一个企业产生忠诚的时候，他对价格是不敏感的。比如说2000年左右，海尔比同类产品高一千块钱的时候，大家照样买海尔的。这就说明什么呢？至少在那个时候，海尔的顾客忠诚度相当地高。

标准四，顾客对竞争产品的态度。人们在购买的时间，经常受到相关产品的影响。当竞争对手的新产品出现，顾客对竞争对手的产品更感兴趣的时候，说明你的产品的顾客忠诚度还不够高。

标准五，顾客对产品质量的承受能力。天下没有不出问题的产品，有好就有坏，好和坏是连在一起的。当你的产品出问题了，顾客对你的产品出事故心理承受能力如何？承受力高，能够理解，说明你的忠诚度高。

企业要千方百计地通过一系列的行动来创造顾客的忠诚。因此，现在社会经常讲一句话，叫居安思危。当大家对你的产品最欣赏的时候，如果你骄傲了，不能给顾客带来连续不断的享受，顾客也会从忠诚转化为不忠诚。假如你还能在这个时候谦虚谨慎，给顾客带来连续不断的享受，那么他对你的忠诚更加强化。

4. 在中国建立顾客忠诚不是特别难，为什么呢

第一，人的时间成本是高的。他没有那么多的时间来挑选产品，他又不是购买专家，因此他往往通过品牌忠诚来挑选自己所需要的产品。

第二，中国人是崇尚权威的。你能连续不断地给他带来享受，他也会形成高度

的顾客忠诚,当然了如果你连续不断地给他带来不好的享受,他也会转化,从顾客的忠诚转成不忠诚。

因此,越是企业好的时候,越要谦虚谨慎,越要提高自己的能力,只有连续不断地发现顾客需求,并且加以满足,才能建立高强度的顾客忠诚。

第二节　如何创造顾客忠诚

这就是顾客关系营销的问题。咱们国家有两句很有名的话,一是"有条件要上,没有条件创造条件也要上。"二是"只要思想不滑坡,办法总比困难多。"只要你坚定不移地进行,你总是能寻找出解决问题的办法。

顾客关系营销的本质就是培养忠诚顾客,目的使顾客产生连续不断的购买行为。它的方法是什么呢? 就是使企业双方的买卖关系变成伙伴关系。伙伴关系夹杂感情关系,不夹杂买卖关系,只有上升到了高度的情感,才能建立起一种顾客忠诚。

1. 顾客关系营销的过程

第一,猜想潜在顾客。什么叫潜在顾客呢? 就是有可能购买你产品的人。

第二,确定有效顾客。什么是有效顾客? 即,有强烈的购买欲望,并且也有足够的购买能力的人。

第三,将有效顾客转变为首次购买顾客。在首次购买顾客当中,将感到满意的人,让他重复购买,成为你的重复购买顾客。

第四,把重复购买顾客再转为客户。所谓客户就是在同类型的产品当中不选择别的,只选择该品牌的顾客。

第五,把客户转化为主动性客户。什么叫主动性客户? 就是不仅自己买你的产品,而且还向别人宣传你产品的好处,带动别人购买你的产品的客户。

第六,把主动客户转化为合伙人。什么叫合伙人? 即和公司共同开展工作的购买者。

这是不是一个关系越来越亲密的过程？是不是一个越来越细分，最后转化出忠诚顾客的过程？从猜测顾客，到选择有效顾客，到选择首次的购买顾客，到选择重复的购买顾客，到选择客户，到选择主动性客户，到成为合伙人这当中，有些顾客会因为各种原因，如破产、转行、迁居、不满意等原因停止购买。为此，公司的一项重要任务就是说服不满意的顾客再次回来。一般来说，说服过去的顾客重新购买比寻找一个新的顾客更容易。

忠诚客户的选择过程，说明群体是可以进行划分的。有一些人会成为你的忠诚客户，有一些人能成为你的一般客户，有一些人能是你动摇的客户，你怎么利用忠诚客户，感化一般客户，感化动摇客户，最终使企业的销售额增长上去，我觉得在这个方面，更应该学习一下我们党的经验。

战争年代，我们党刚到一个地方开展工作的时候，首先是关心群众，爱护群众，做群众整体利益的代言人。其次和群众中的积极分子交朋友。不仅关心群众，还要教育、批评他们，帮助他们改掉弱点，在群众当中找出积极分子。再次，将群众中的积极分子中的佼佼者吸收到党内，建立同志关系，这样发展起来的群众组织网络就很有立体感。依靠忠诚同志，发动积极分子，依靠积极分子，带动一般群众，开拓工作新局面。因此我们党每到一个地方，总是给老百姓做好事，关心群众疾苦，得到群众信赖，从中选择积极分子，从积极分子中选择同志关系的人发展为"党员"，依靠党员带动积极分子，依靠积极分子带动一般群众，依靠一般群众带动全社会，这就是他的工作方法。

2. 顾客关系营销的策略

要建立起忠诚顾客，必须投入很大，投入大意味着什么呢？企业的收益就少了。企业必须在投入的成本和利润的取得之间，建立起一个平衡关系。也就是说我投入多少，我在什么地方投入，我要跟能给我带来更大利润的人结合在一起。根据行业的不同，根据行业利润率的不同，根据行业市场规模的不同，在成本的投入上，有以下几种营销方式。

第一种叫基本型营销。推销员只是简单地销售商品，没有什么服务。

第二种叫被动型营销。推销员出售产品并鼓励顾客，有什么问题或者不满意的话说，就打电话给公司。

当一个公司的市场规模很大，当公司单位利润比较小的情况下，往往实行基本型营销和被动型营销。比如说宝洁的市场规模很大，利润也不高，绝不可能说哪个客户不满意我就帮助他，只能说什么呢？不满意的打电话来，它只能做到这样，投入大了就不合算了。

第三种叫负责型营销。推销员在售后不久就打电话给顾客，以了解产品是否和顾客所期望的相吻合。推销员还要从顾客那里搜集有关改进产品的建议及不足之处，这些信息将有助于企业改进产品。

第四种叫能动型的营销。公司推销员经常和顾客建立电话联系，讨论有关改进产品的用途或开发新产品的各种建议。

第五种叫伙伴型营销。公司与顾客共同努力，寻求顾客合理开支的办法，或者帮助顾客更好地进行购买。

后面这三种方式适合什么产品？适合市场规模不大，但单位利润比较高的产品。比如美国的波音公司，它每年也销不出几架飞机，但是单位利润比较高，它能跟顾客建立密切的关系。服务多少取决于什么呢？市场规模的大小和单位利润的高低。要在成本的投入和利润取得之间，建立一个平衡关系。

3. 顾客关系营销的方法

当顾客满意度已经比较高了，还打算提高满意度怎么办？有三种办法：

第一种办法是增加顾客财务利益，让他得到实惠。比如说航空公司，对经常乘坐飞机的人给予奖励，宾馆对老顾客提供高级别的住宿，超级市场对老顾客实行折扣退还等。这些都是让顾客得到直接的实惠。但这种做法的弱点是容易被竞争者模仿，你会干我也会干，竞争优势不容易长久。

第二种办法是增加社会利益。就是公司的员工，通过了解顾客各种需求爱好，将公司的服务个性化、人格化，从而增加顾客社会利益，巩固公司和顾客的合作关系。比如说现在很多企业，采取定制营销，就是根据客户不同的特点，设计他们需要的产品，这是不是增加社会利益？当初晋商曹家大院的时候，他们的业务员，到蒙古做生意，每个人必须会针灸。为什么？当地比较寒冷，比较干燥，得关节炎的比较多，你在销售产品的同时，还能给人治病，这个客户很容易成为忠诚客户。所谓技不压人，艺不压人，讲的就是这个意思。

第三种办法是增加结构联系利益。就是建立更紧密的命运共同体。比如在日本，很多小企业对大企业相当忠诚。为什么呢？大企业为它提高技术，为它提供资金，给它提供培训，给它下订单，帮助它提高这么多，对大企业也有好处，大企业将很多业务外包了。你好了，我不是也好了吗？由于我得到了你的好处，我离不开你，当然表现出更高度的顾客忠诚。

联想和很多代理商就是高度的顾客忠诚。联想刚刚发展的时候，规模不大，找大经销商找不到，只好找一些个体户、夫妻店、小经销商，用联想的话讲叫"瞎子背瘸子，和联想共同发展"。我帮助你发展，我教给你怎么做，给你提供资金帮助，给你提供各种帮助，大家从联想中得到更多的帮助和满足，当然能够产生更高度的顾客忠诚。

课程回顾

一、什么是顾客忠诚

1. 顾客忠诚的含义：

顾客重复购买同一品牌或产品的行为，只有那些高度满意的顾客才会产生顾客忠诚。

2. 顾客忠诚是怎样建立的？

步骤一：让顾客在消费你的产品时得到满足。

步骤二：让顾客连续不断地消费你的产品，并且连续不断地得到满足。

3. 衡量顾客忠诚的标准：

①查看顾客重复购买次数；②查看顾客购买的挑选时间；③查看顾客对价格

的敏感程度；④查看顾客对竞争对手产品的态度；⑤查看顾客对产品质量的承受能力。

二、如何创造顾客忠诚

1. 顾客关系营销的过程：

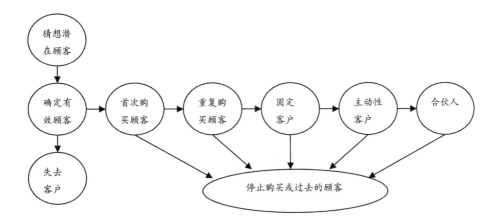

2. 顾客关系营销的策略：①基本型；②被动型；③负责型；④能动型；⑤伙伴型。

3. 顾客关系营销的方法：

①增加财务利益；②增加社会利益；③增加结构联系利益。

第十九讲
化解顾客抱怨，保持和发展可赢利的顾客

产品再好，也会有弱点；产品再好，也会有别人不理解的时候。有的时候确实是自己做得不好，不能满足别人的要求。也有的时候自己做得蛮好，别人没有正确地理解，有的时候是顾客无理地挑剔。企业在经营的过程中，遇到顾客抱怨、投诉，甚至发生冲突的事，都是很经常的。既然是经常，就不能要求它不发生，只能积极地寻求应对的办法。

企业不仅要化解顾客抱怨，还得保持和发展可赢利的顾客。也就是说企业在发展过程中，要经常地对企业的顾客结构进行分析，你会发现你的顾客结构中，有给你赚取最大利润的，有给你赚取一般利润的，还有不能给你带来利润的，这个时候你也要对你的客户进行新陈代谢。要淘汰不能给你带来利润的客户，发展保持能给你带来利润的客户，最终做到企业的利润最大化。

大家可能觉得，别的人都讲顾客是上帝，你怎么偏偏讲上帝也会犯错误？别人都讲怎么样把人留住，你怎么还讲淘汰人？别人都讲怎么把顾客留住，你怎么还讲淘汰不能带来利润的客户？这不是我讲不讲的问题，这是现实生活中，存在

不存在的问题。科学是来不得半点虚假的，我们只能针对营销过程中发生的问题，从顾客的满意、企业的利润最大化、双赢原则这个角度，来建立我们的运作体系，建立我们的运作方法，建立我们的运作理论。

第一节　如何化解顾客抱怨

1. 如何对待顾客抱怨

企业经营的过程中，发生顾客抱怨是很经常的事情。你不敢保证你的新产品，一开始就能最大限度地满足顾客的要求，企业的新产品是逐步地满足顾客的要求的。在这个过程中，就蕴涵着顾客的不满意，因此顾客有不满意是很正常的。有了不满意就要发泄，就要抱怨，也是很正常的。必须研究它，必须理解它。顾客有了抱怨，一方面是你企业在某些方面失败的标志，你毕竟没有满足顾客的要求。但同时，假若你利用得好，谦虚谨慎，有为顾客负责的精神，不断提高自己，往往能变不足为有利，还能赢得顾客的忠诚。

万科说，万科在投诉中成长，我们不怕顾客的批评，顾客的批评是我们改进工作的最好的武器，它让我们看到自己的不足，知不足然后学，它能使我们看到自己身上存在的毛病，顾客是对我们的最好的监督，是我们前进的最大的动力。这叫企业内外关系的协调，依靠着外部来刺激内部，来推动内部的前进。

另外一个方面，企业也要正确地认识到，特别是营销人员要正确地认识到，抱怨是每位营销人员都会碰到的，即使你的产品好，也会受到爱挑剔顾客的抱怨。不要粗鲁地对待顾客，其实他们正是你永久的买主。营销人员要正确处理顾客的抱怨，就必须站在顾客的立场上考虑问题，只有这样才能真正理解顾客抱怨的重要性，并由此产生对顾客抱怨的重视、关心和热情对待的态度。顾客抱怨的不对，你也要耐心听下去。为什么呢？

第一，他愿意跟你讲，说明他信赖你，你不能辜负别人的信任。

第二，哪怕他讲的错了，也要耐心听下去，要明白他错在什么地方，为你赢得他的谅解打下基础。

第三，他在你这里讲总比他到外边讲好。到外边讲造成不好的影响，在你这里讲，影响面很小。另外在你这里讲完了，发泄完了，心中没脾气了，感觉也好多了，大家要正确地理解顾客的抱怨。黑格尔讲，合理的必存在，存在的必合理。既然顾客的抱怨是一定要发生的，那么你就要研究抱怨的坏处和好处是什么？如何变坏处为好处？这当中最不好的做法是怒发冲冠，马上辩解。顾客往往很不高兴，我好心好意跟你说出来，结果你马上反驳我，他没得到满足，没得到满足那他在行动上就要表现出来，对外讲你的坏话，对你的评价降低，从而影响到你产品的销售，因此要正确地理解顾客的抱怨。

2. 如何处理顾客的抱怨

我觉得作为一个企业，当面临顾客抱怨的时候，应当建立一整套的体系。处理顾客抱怨的自我判断有以下几方面。

第一，你是否有专门的部门来登记、管理、解决顾客的抱怨？换句话讲，顾客的抱怨有说话的地方吗？有人听吗？

第二，你是否及时地对客户的不满做出反应？他把抱怨说出来了，你有没有做应对？他有什么感觉？假若他没得到反应，心里肯定产生不好的评价。

第三，你是否确定了一个正确的行动计划，来有效解决顾客的问题？顾客的抱怨是不是得到了解决？

第四，你是否建立了一个有组织的机构，使顾客的抱怨得到合理的答复？

第五，销售经理不能解决的问题，是否及时地转到了其他部门的有关人员手中，直到问题完全地被解决？换句话讲，处理顾客抱怨的这套体系，就是在企业和顾客之间架设的一座信息联系的桥梁。中国古代，为什么发生农民起义多？就因为在统治者和老百姓之间，没有一个信息联系的桥梁，尤其是老百姓的不满、抱怨，没有一个和统治者沟通的渠道，因此一旦压抑到极点便是爆发，便是反抗，便是起义。

3. 处理顾客抱怨的八个步骤

第一，要道谢。要把顾客的抱怨，视为宝贵的信息，并向抱怨者致谢，说明他的抱怨将如何让你更好地解决遇到的问题。

第二，为失误向顾客道歉。毕竟没有满足顾客的要求。

第三，承诺尽快给顾客解决问题。承诺迅速采取行动挽回局面，事情发生了只好弥补。

第四，寻求所需要的信息。了解怎么样才能让顾客满意，或者实现顾客的要求。

第五，马上纠正。表明你对改正态度的认真，哪怕做不到，态度好也能让人感到某种程度的满足。

第六，检查顾客的满意度。主动给顾客打电话、发短信，了解顾客是否满意。

第七，防患于未然。把顾客的抱怨，在全公司广而告之，防止再度出现同样的问题。出了问题不要对员工横加指责，解决问题是主要的，至于检查是谁出了问题，那是后边的工作。

第八，要建立起快速恢复制度。顾客的抱怨，预计你会五天后解决，结果四天半你给解决了，大大出乎顾客的意料，顾客就会高兴。顾客高兴了对你的评价就会很高，往往还能成为你的忠诚客户。中国人不是讲"不打不相识"吗？在打的过程中，打出了双方的了解。很多忠诚顾客都来自于抱怨的人。据美国的统计，54%到70%的投诉顾客，如果投诉得到了尽快的解决，他们还会同该组织做生意。如果顾客的投诉很快解决，这个满意的数字，会上升到惊人的95%。顾客投诉得到解决后，还会把处理的情况告诉其他的5个人。忠诚的客户往往来自于对你的抱怨和不满的客户当中。

我讲一个化干戈为玉帛的案例。广州有一个鞋业公司，公司的老板（马涛先生）20世纪90年代大学毕业后，被分配到北京工作。当时他是代表上海一个知名的厂家，叫"飞美皮鞋"，还是部优名牌。结果到了北京一个周后，《经济日报》就发了一篇文章，叫《飞美皮鞋真不美》。文章发表之后，在全国引起很大的反响，而他在北京还没看到报纸，结果是老板给他打电话，说《经济日报》发了咱们的文章，叫《飞美皮鞋真不美》，有可能这个部优品牌就砸到我们手里了。他刚刚工作一周，就遇到这个问题，脑袋也大了。是谁发表的文章呢？是北京某大学的一名女教授，她到商场来购买皮鞋，结果发现有点问题，在退的过程中与售货员发生了冲突，这位教授气坏了，于是就写了这篇文章。

《经济日报》是全国经济类第一大报，引起的反响很大。事情发生后，马涛先生没多想别的，就带着自己精心挑选的皮鞋，带着退款，到了这位教授家。这位教授最初的态度肯定好不了，挺冷淡的。但是来了客人，人家又很虔诚，总得让人家在家坐坐，在坐的过程中双方就聊天。马涛先生就给她讲，自己大学刚毕业一周就发生了这个问题，给您带来那么多的麻烦，实在抱歉，这是我亲自挑选的皮鞋，我相信它不会出现问题，如果出现了问题您给我打电话，随时调换、退款，并对为此给您带来的不便表示歉意。讲完之后，他也没多想就回去了。结果一周之内，这个教授又写了篇文章，叫《飞美皮鞋值得信赖》。就这样，化干戈为玉帛。

公司的老板从此对马涛先生刮目相看。他能在不利的情况下，促进矛盾的转化。马涛先生在北大经理人培训班第二期读书，他把这个故事就告诉了我，他说这个事情对他一生影响很大，从此他就按照矛盾辩证法办事，在不利中看到有利，在有利中看到不利，在光明中看到黑暗，在黑暗中看到光明，自己创造条件促进矛盾转化，后来他自己出去办公司了，公司做得很大。所以，发生矛盾不可怕，关键是发生了以后怎么办？人类对于弱者不是一棒子打死，改了就是好同志，你照样能得到再次信任。

第二节　如何降低顾客的流失率

顾客流失了，说明顾客对企业不满意，把这个不满意解决了，就可能让顾客满意。什么是顾客的流失率呢？指的是一定时间内，流失的顾客占原有顾客的百分比。企业怎样分析降低顾客的流失率呢？

第一步，企业应该测定不同地区，不同产品种类，不同业务员手中，客户流失的比例各是多少。

第二步，研究客户流失的原因。一类原因是客观的原因。如，顾客干别的行当了，顾客搬移到别的地区去了，顾客做高档产品了。所有这些导致他不能买你的产品，这些是企业没有办法的。但另外有一些顾客流失，是因为企业的工作态度不好，价格太高，产品质量不好，导致顾客不满意而流失的，这是企业能够解决的。

第三步，估算一下，要把这些流失的顾客，拉回来预计要多少成本，能带来多少价值。从而确定哪些顾客值得拉回来，哪些顾客就不要再做工作了。说到底是成本收益比较。要计算这个顾客在长期的时间内能给你带来多大价值，而不要仅从一个阶段看。

美国沃尔玛的总裁，每当看到顾客怒气冲冲的时候，他的心里就"咯噔"一下：完了，五万美元没有了。他是怎么算的？忠诚顾客平均长达10年到商场购物，每年采购5000美元，10年就是5万美元。这还不包括他对别人讲坏话，影响别人不来购买的损失。因此他对员工做了这么两个指示：第一，顾客永远是对的；第二，即使顾客错了，仍然按第一条来办。

第四步，建立顾客恢复制度。制订一系列如何把他（流失的顾客）拉回来的措施。

第三节　建立有赢利的顾客结构

企业应该定期地、不间断地对你的客户进行分析。保持和发展能给你带来最大利润、较多利润的客户，淘汰不能给你带来利润的客户，建立一个可赢利的顾客结构。很多企业经过分析，觉得大客户能够带来大利润，后来发现不对，真正给你带来最大利润的往往不是最大的客户，而是中等客户。为什么呢？最大客户要求的质量高，要求的价格低，出了很多力并没有赚很多钱。中等客户由于采购量适中，价格高，要求的质量也不是太严，而且还能当场付款，全价付款，所以利润较高。较小的客户也能全价付款，他的要求也不是太高，但是越小的客户犯错误率越高，与他打交道比较麻烦。因此往往带来最大利润的客户是中等客户而不是最大客户。归根到底，市场营销是一门吸引保持可赢利顾客的艺术。

什么叫可赢利的顾客？一个可赢利的顾客是指随时间的变化能产生一种收入流的个人、家庭或公司，而且产生的这个收入流大于为吸引顾客、服务顾客所产生的成本流。注意这里强调的是顾客终生收入流和成本流，而不是来自一次交易的利润。因此一个公司不必追求并满足每一位顾客，因为这会抬高公司的运营成本。

对于不赢利的顾客,企业应该像对待别的不应该做的事情一样学会说"不"。基于上述的理解,公司应该定期衡量不同类型顾客的利润率,以发展可赢利的顾客,淘汰不能给企业带来利润的客户。那么对于不能带来利润的顾客,企业应该怎么办?

第一,可以提高赢利较小的产品价格,或者取消这种产品。

第二,可以尽力向这些非赢利顾客搭售能够产生利润的产品。

第三,鼓励非赢利顾客转向其他供应商。

第四,搞好产品结构建设,就是靠不赢利的产品营造人气来吸引顾客购买赢利产品。现在很多企业提出的以低档产品打市场,以中档产品保利润,以高档产品创利润,就是这个意思。

经常听广告公司讲,某某品牌力量很大、要求很高,经常拖款怎么办?我总是对他们这么讲:

第一,看看你的实力,如果你的实力很大,不依靠这个强势品牌就能得到其他的大品牌,你可以拒绝为他服务。

第二,假如你的实力很弱,你靠这家大品牌能给你提供人气,靠这种大品牌能给你提供形象,那么你就必须为这家大公司服务。假如说你现在有一定的实力,但实力不是太大,你就为这家大公司提供部分赢利的服务,靠他来抬高形象,更多地让其他的企业来到你这里来做业务。对于不能带来利润的顾客,公司也要进行判断,他现在不能给你带来利润,明天能否给你带来利润?他不能给你带来利润,但是他能带来别的人给你带来利润,你也应该为他服务。

因此,要淘汰一个不赢利的顾客时,要从长远的成本和收益的角度来分析,而不是从一个狭隘的成本和收益的角度来分析。

课程回顾

一、如何化解顾客抱怨

(一)如何对待顾客抱怨

1. 顾客抱怨是正常的。

2. 正确对待顾客抱怨，变坏为好。

（二）处理顾客抱怨的自我诊断

1. 是否有专门的处理顾客抱怨的部门？

2. 是否对顾客抱怨做出积极反应？

3. 是否制订了处理顾客抱怨的行动计划？

4. 是否建立了有组织的机构？

5. 是否及时转达到相关部门？

（三）处理顾客抱怨的八个步骤

①道谢；②致歉；③承诺解决；④寻求信息；⑤马上纠正；
⑥调查顾客满意度；⑦防患于未然；⑧建立快速恢复制度。

二、如何降低顾客流失率

1. 测定顾客流失率。

2. 研究客户流失原因。

3. 估算拉回流失顾客的成本与价值。

4. 建立顾客恢复制度。

三、建立有赢利的顾客结构

1. 保持和发展能给你带来利润的客户。

2. 淘汰不能为你带来利润的客户。

第二十讲 如何在竞争中发现需求、满足需求（一）
——竞争对手分析

本讲主要内容

一、行业特点与竞争的激烈程度分析

二、竞争对手分析

企业是在竞争中看谁更能赢得消费者的信赖，从而实现跟消费者的交换的。要谈跟消费者的交换就一定能谈到竞争，谈到竞争就要谈到如何处理跟竞争者的关系，如何使自己更具有竞争优势。

第一节　行业的特点与竞争的激烈程度分析

现在的企业特别想成功，特别愿意向成功的企业学习。但是生活中没有完全相同的两个人，你是没法把对方的长处完全学到手的。你要完全学到手了，至少从表面上你完全学到手了，你也就完蛋了。为什么呢？因为行业的特点不同，企业的发展阶段不同，竞争的激烈程度不同，造成你实施的办法也不同。你完全把别人的一套搬过来，这就叫照搬照抄，邯郸学步，得到的一定是东施效颦的结果。你要明白竞争背后规律性的东西，规律性的东西是相对稳定的、长期不变的，至于竞争的手段那是变化很大的。既要学会以变应变，更要学会以不变应万变。不变的是什么呢？竞争的规律。真理永远是简单的，当然寻找真理的过程是麻烦的，很辛苦。明白了规律，你可以根据自己的情况创造出无穷无尽的办法来。

孙子兵法上讲，打仗无非两个字："奇"和"正"。"奇"是什么呢？抓住敌人的弱点发动进攻。"正"是什么呢？正面迎敌。用兵作战无非就是"奇"和"正"两个方面，正面迎敌，侧面打击敌人。对于"奇"和"正"的变化，是有很多类型的。变化了的是什么呢？奇与正，虚与实结合的形式以及结合的比例。因此，要讲以变应变，世界唯一不变的是变化。同时，还要讲在变化的过程中还有稳定性，只有稳定性才容易被把握。以不变应万变是主要矛盾，以变应变是次要矛盾，马列主义和中国革命相结合，马列主义是基本原理，中国革命各地的情况不一样，执行的办法手段绝对不一样，那是变化的。马列主义和中国革命相结合是稳定性和变化性的结合。

为什么我们要从行业特点开始分析呢？一方面是隔行不隔理，这是就管理的本质来讲的。人、财、物三个方面的协调，管理的核心是管人。另外一方面隔行如隔山，因为行业技术不同，行业的竞争激烈程度不同，行业的需求特点不同，导致你应对的办法一定是不同的。比如说保险公司和农用车公司，行业不同，客户不同，竞争激烈程度也不一样，因此发挥竞争优势的途径一定不一样。农用车更多地是在提高自己优势的同时利用别人的弱点，以便让消费者在众多品牌的选择中选择自己。保险公司这个行业在中国目前正处于成长的时期，更多地是自己跟自己争，考虑的是自己如何赢得消费者的信赖，如何将消费者的风险意识挖掘出来。两家的本质规律是相同的，但是在竞争的手段上，那是很不相同的。

（一）行业特点分析

1. 根据竞争者数量的多少和产品差异度的高低，可以把所有的行业分成四类

（1）完全竞争的行业。

完全竞争什么特点？质量高，价格低，对价格没有控制权力，竞争激烈。农民、小商小贩就是这样的行业，生产者人口众多，产品没有差别。农民为什么挣得少

啊? 农民的产品的特点是完全竞争的特点, 完全竞争对价格就没有控制权, 当然就卖不出好价格了。很多人说毛阿敏为什么一晚上能挣很多的钱, 农民辛辛苦苦一年就挣不到钱? 很简单, 毛阿敏的嗓子是大家所喜欢的, 毛阿敏的嗓子独一无二, 全国就一个, 她是垄断, 当然挣得多了。农民很辛苦, 但是农民的产品是个完全竞争, 你只能是随波逐流, 市场定什么价, 你接受什么价。

（2）完全垄断。

完全垄断是什么呢? 行业内在一个特定的地区内, 只此一家, 别无分店。垄断能得到最大的利益。为什么造成垄断的存在? 或者是投资规模太大, 一般人进不来; 或者是需要特别的技术, 一般人做不到; 或者是具有特别的权力, 一般人进不来; 或者是市场的规模不是很大, 只能容纳一家, 容纳不了第二家。

（3）垄断竞争。

什么叫垄断竞争呢? 竞争者数量比较多, 但是他的产品具有一定的差异性, 比如说服装行业就是这个特点。服装行业, 生产者人数众多, 但是每一个生产厂家对自己的产品都有一定的价格控制权。为什么呢? 我的颜色与众不同, 我的领子与众不同, 我的设计与众不同, 这么多的与众不同, 就构成了差异, 就构成了垄断的基础, 因此服装行业是垄断竞争, 但是不算太激烈, 它有一定的垄断性。

（4）寡头垄断。

什么叫寡头垄断? 行业内没有几家企业, 行业内的产品或者略有差别, 或者没有差别。略有差别是哪些呢? 比如说汽车, 美国就三大汽车企业: 通用, 福特, 克莱斯勒。这三家汽车的产品略有差别, 品牌不一样, 款式不一样, 颜色不一样, 功能还略有点差别。还有一类企业完全没有差别, 比如说石油行业, 比如说钢铁行业。这种行业比的是什么呢? 比的就是成本。寡头垄断的行业对价格是有相当的控制权的。为什么呢? 就几家企业, 大家可以联合起来, 可以垄断市场的价格。

这四种类型的特点不是一下子形成的。有的行业最初也是一家, 后来很多人干, 干多了就打架, 竞争到最后就那么几家。汽车行业中国也就十几家, 容纳不了太多。因为这个行业投资规模太大, 生产数量太多, 市场是一定的, 容纳不了太多家。

2. 从进出入的门槛来讲，可以把行业分成几大类型

（1）行业进入门槛高，退出的门槛低，这样的行业一定是利润高而稳定。

为什么呢？进入的门槛高，一般人进不来，竞争不激烈。退出的门槛低呢？不行就走，很多人干别的行业去了。像美国的律师、会计师、证券分析师、医生，为什么挣钱多？人命关天，他需要很多的证件才具有从业资格。行业的门槛高。但是干别的很容易啊，当政治家，当工业家，很容易退出。

（2）进入的门槛低，退出的门槛高。

投入的不那么大，但是为了竞争，不得不加大投入，竞争很激烈，即使利润很低也退不出来，只能硬着头皮干下去，你要退出，这一批资产你要卖给谁？不好退了。

（3）进入的门槛低，退出的门槛也低。

比如说小商小贩，投资不大，退出也容易。这样的行业什么特点？利润低而稳定。

（4）进入的门槛高，退出的门槛也高。

这样的行业怎么办？那只好往死里打，竞争得相当激烈。比如说中国20世纪90年代的家电业就是这个特点。因为投入很大，进入的门槛高，一般人进不去。但一旦进去了，又不好退。为什么呢？这么大的资产，不干了，变卖给谁啊？既然退不出去，他要活下来，只好再投资，投资越大越不容易退。那只好开展激烈的价格战。

有一个记者曾经问张瑞敏（当初张瑞敏要搞多元化），多元化的风险是什么？万一你搞不好怎么办？张瑞敏讲我搞不好我就撤，我要学美国的GE，搞不好我就退。但是你看看海尔从哪个行业退出去了？为什么呢？不容易退。中国的股市发展得还不充分，你这么大的资产变卖给谁？谁能来买？另外，你不愿干了，卖给我，我愿意要吗？

2002年北京大学搞变革，为什么遭到教师激烈的反对？大家可能会说了，为什么国有企业的工人能下岗，你北大的教师就不能下岗？北大的教师可以下岗，但是工人的技能相对是低的，靠手脚劳动，他不能干这个，还能干别的。知识分子呢？一旦读到博士，每天就研究秦始皇，研究汉武帝，干到五十岁了，一旦让他下来，你让他到哪里就业？所以说，高学历的一旦失业，更难找到工作，因为他学得越来越窄。就只好在这一行里干下去了。

3. 成本结构的差异

现在的企业经常讲核心竞争力，大家理解的核心竞争力是什么呢？更多地是企业将有关业务外包，干我最应该干的。比如说服装行业，把生产交给别人，我专做产品开发，我专做品牌开发。但是你要看到中国的行业当中，也有一些企业向前控制销售，向后控制采购。比如说钢铁行业、石油行业，向前控制冶炼，向后控制交通。为什么呢？这个行业的产品没有差异性，只能在成本上做文章。规模越大，直接控制的成本越低啊！一方面，我们看到中国有两种趋势，有的行业不断地把某一些业务外包，有的行业不断地把一些业务拉进来，这都是体现不同行业发挥核心竞争力的途径。像麦当劳这样的商业和服务业机构，怎么样降低成本？它主要降低分销成本。对于钢铁、石油这样的行业，怎么降低成本？主要是降低生产成本。

4. 全球化经营

麦当劳全世界都在扩张，但你看到北大、清华、同仁医院搞连锁扩张吗？为什么不搞？因为麦当劳这样的行业，技术含量是相当低的，能做到相当高的标准化，标准化才能扩大规模。像北大、清华、同仁医院这样的行业呢？它是高度的创造性，创造性就很难做到标准化。既然做不到标准化，你的规模就大不了。因此这就是行业和行业之间的差别。

（二）行业竞争分析

行业结构不同，造成行业竞争程度不一样。为什么有的行业竞争很激烈，有的行业竞争不激烈呢？首先，与影响竞争变量因素的多少有关。影响竞争的变量因素越多，竞争越不激烈。比如说服装业，你可以在款式上比，也可以在颜色上比，还可以在其他方面比较。反之，竞争的变量因素越少，竞争越激烈。比如说中国的家电业，为什么竞争那么激烈？20世纪90年代大家都从国外引进了同一条或同一类生产线，不能在产品上做出差异，只能是成本降低了，因此产生价格战。90年代后期，大家从国外引进新的生产线，技术含量不一样了，比较的空间多了，因此，2000年后的家电价格战，打得不像前几年那么惨烈了。

其次，与长时间内行业内市场占有率的格局有关。当市场老大和市场老二市场占有率之比为2∶1的时候，这个行业竞争得不激烈。为什么呢？因为老二再也跟不上老大了，也不挑起激烈的竞争了，如果说相互的差距很小呢？一定是激烈的竞争。中国现在为什么很多行业竞争很激烈？就因为没有产生公认的领袖。你看到乳酸奶这个行业竞争很激烈吗？娃哈哈和乐百氏控制着这个行业的75%，它基本垄断，因此它就能控制这个行业未来的发展。因此，行业的不同，导致行业竞争程度的不同，你要竞争就要了解你的行业的特点。

第二节　竞争对手分析

1. 确定竞争对手

我们经常讲，同行是冤家。若只根据同行是冤家来确定竞争对手，你的范围就太窄了。生活中不是还有一句话吗？"半路杀出个程咬金""半路冒出一匹黑马"。那说明你确定竞争对手的范围太狭窄了，一旦遇到了意想不到的因素，就被打个措手不及，企业应该怎么办呢？企业应该从供给和需求两个方面确定竞争者。

从供给方面看，凡是提供相同、相似、互相可替代产品的厂家，互为竞争对手。比如说"可乐"行业，"百事可乐"和"可口可乐"是竞争对手，还跟矿泉水是竞争对手，还跟果汁饮料是竞争对手，甚至跟白开水也是竞争对手。喝白开水的人多了，喝可乐的就少了，这样分析，竞争对手就宽阔多了。

从需求方面看，凡是为同一类型目标顾客服务的厂家互为竞争对手。如20世纪90年代后期，国家刺激需求，发展房地产业，当时对汽车业来讲，那就是革命低潮。汽车业的竞争对手不是各汽车制造厂家而是房地产厂家，因为老百姓用有限的钱，买了房子就不能买汽车，大家主要是先买房子，那么汽车业就是革命低潮，再做更多的广告也没用，但是房地产业的发展，会把汽车业带动起来。

大家从以上两个方面来看竞争对手，是不是判断得更为准确？谁是你真正的竞争对手？不仅仅是你的同行，恰恰是你的同行以外。比如说现在都是用牙刷、牙膏刷牙，假如出现了一个口腔喷雾器，往嘴里一喷就不用刷牙了，整个的牙膏行业差不多要全军覆没了。

2. 分析竞争对手的策略

企业的竞争一定要在产品层面上来进行，比的是物美价廉。根据价格和质量，可以把这个行业的竞争对手的策略分成这么几个类型：高质高价，低质高价，低质低价，高价低质，中质中价，这就为你寻找他的弱点，为你的竞争方向打下了基础。最难打的是高质量低价格，对于其他的高价格高质量，高价格低质量，中等价格中等质量，都容易打击，都能找到弱点。

3. 分析竞争对手的目标

竞争对手是不是一定要取得市场的最大占有率？那不见得。你要预估竞争对手在一段时间内的竞争目标是什么？他希望占多大的市场占有率？希望取得多大的销售额？希望取得多大的规模？竞争的目标不同，导致资源配置的不同，这就为你的竞争优势的确定打下了基础。竞争对手的目标由什么决定的呢？有两个方面：

一方面是由法人治理结构决定的。可以说美国的企业都是小股东组成的，偏眼前利益。日本的企业是由大股东组成的，能忍受长期的市场的亏损，日本的企业更能看长远利益，能忍受低价格打市场。忍受几年的亏损，美国做不到。

另一方面与特殊时期的目标有关。比如说在河南我认识一个家电销售老总，他以租赁的名义到当地的百货大楼租一年柜台，这一年他的目的不是挣多少钱，而是了解对方（商场）的信息，有多少人到他这里租柜台？租柜台的价格是多少？大家对他的抱怨是什么？大家有什么要求？一旦他自己（家电经销商）的大楼盖起来，他把里面的商户相当程度上都拉到这里边来了。因此，企业应该防微杜渐，竞争对手下这步棋的时候，你要考虑清楚他下一步干什么，这叫博弈。

4. 要分析竞争对手的优势和劣势

分析优势的目的是什么呢？向他学习，提高竞争优势。分析劣势的目的是什么呢？避实击虚，扬长避短。怎么分析竞争对手的优势和劣势呢？有两种方法：要素分析法，观念分析法。

什么是要素分析法呢？列出影响消费者需求的因素，跟竞争对手相互比较。比如说质量了，成本了，服务了等。假若最高分为十分，看看每个方面他得多少分？你得多少分？通过分数比较，分析他的优缺点是什么，我的优弱点是什么，不仅要静止地看，还要动态地看，连续看几年，用变化的观点来看，发现对方真实的弱点在哪里。

什么是观念分析法？人的观念是社会存在的产物，人的观念一旦形成便长期稳定，社会发展变化了也不容易变化。有的企业偏爱产品线越多越好，意味着你每个行业的投入都不多，你的成本一定高，你一定特容易被打击，因此要发现竞争对手真实的弱点。什么是真实的弱点？就是把竞争对手打击了，对方反应过来了，他也无可奈何。

5. 分析竞争对手的反应模式

竞争对手一旦形成了一定的竞争策略，或者成本领先，或者产品领先，那么长期内他就保持一种思维。有的企业对别人降价很敏感，你降我一定降。有的企业对降价不敏感，但是对别人提高服务他很敏感。比如说像海尔这样的企业，是靠服务领先制胜的，别人在服务上做文章他很敏感，但你降价他不敏感。我们为什么研究竞争对手的反应模式呢？为我打击竞争对手，为我出其不意地打击竞争对手，为竞争对手做不出反应来打下基础。

6. 选择对策

是进攻还是防御？一般来讲，对强大的竞争对手要防御，对弱小的要竞争。但有一点，你总是跟弱小的竞争对手比较的话，你的竞争力就提不起来。另外还要考虑进攻到什么状态。要做到：有理、有利、有节。一般情况下不应"宜将剩勇追穷寇"，要从长期的成本、收益角度来看待追到什么点。

我讲一个例子。美国的博士伦眼镜公司，看到隐形眼镜的利润很高，他想一统江山。结果把竞争对手打得很厉害，打得大家实在受不了了，只好变卖家产，别的行业的竞争对手正好介入。博士伦眼镜公司打了一场什么仗？前门驱狼，后门进虎，导致竞争环境比过去更加严酷。你留几个竞争对手，日子不是过得更舒服吗？所以，选择进攻对策时要做到：有理、有利、有节。这是竞争的艺术。

大家还要在竞争者导向和消费者导向之间把握平衡。到底是竞争者导向好还是消费者导向好？一般来讲是以消费者导向为主，这是矛盾的普遍性。在特殊的状况下，应该是竞争者导向第一，消费者导向第二，这是矛盾的特殊性。

课程回顾

一、行业特点及竞争的激烈程度分析

（一）行业特点分析

1. 根据竞争者数量和产品差异程度分为四类：完全竞争、完全垄断、寡头垄断、垄断竞争。

2. 从进入门槛看分成四类：进高退低、进低退高、进低退低、进高退高。

3. 成本结构差异：外包，纵向一体化。

4. 全球化经营。

（二）行业竞争分析

1. 与影响竞争变量因素的多少有关。

2. 与长期行业内市场占有率格局有关。

二、竞争对手分析

1. 确定竞争对手。

2. 分析竞争对手的策略。

3. 分析竞争对手的目标。

4. 分析竞争对手的优势、劣势。

5. 分析竞争对手的反应模式。

6. 选择进攻、防御对策。

第二十一讲
如何在竞争中发现需求、满足需求（二）
——先发制人还是后发制人

第一节　关于竞争的几个问题的理解

（一）关于竞争的理解

生活中我们经常听到人们讲，中国环境多么多么不好，国外多么多么好。怎么理解大家所讲过的话？竞争有两个层次，正当竞争和不正当竞争。不正当竞争和正当竞争作为一对矛盾范畴，是各以对方的存在为存在的理由和条件的。换句话讲，有正当竞争，就有不正当竞争，没有正当竞争也显示不出不正当竞争，没有不正当竞争也体现不了正当竞争。

在中国这块土地上，出现不正当竞争的概率确实是比较高的。原因是什么呢？人口众多，资源有限，众多的人追求有限的资源，很容易竞争激烈，竞争激烈到一定程度，有一些人不能维持基本的生存了。"无恒产者无恒心"的局面就会出现，很容易出现不正当竞争。再加上经济的落后造成中国人文化素质的低下，不能科学冷静地判断市场的机会何在,经常是看对方成功了我就干,对方不成功了我不干,经常是一窝蜂,而一窝蜂更加剧了竞争的激烈化,使得不正当竞争的出现概率大大提高。我们不能指望不正当竞争不发生,只能指望不正当竞争发生了怎么来应付。

(二)谈谈对竞争的生命周期的理解

万事万物都有生命周期,竞争也有生命周期,竞争的生命周期也是一条向右下方倾斜的曲线。假如说横坐标是时间的话,纵坐标是利润或者叫销售额的话,那最初一定是垄断状态,只有一家企业先发现了机会先干,一家企业当然利润偏高。但是只要有了利润了,后边的企业就进入,垄断竞争状态就出现了。垄断竞争的特点是利润下降。在垄断竞争的过程中,一旦市场饱和,供给无限,市场有限,一定是打价格战。在价格战的惨烈打击之下,好多的企业被打倒了,剩下这些少数的几家企业,便到了寡头垄断。寡头垄断还有品牌的差异,还有产品的某一些差异。寡头垄断到一定程度就到了商品竞争阶段。在一般人看来产品没有什么差异,过去的高科技产品,现在已经成了普通科技的产品。人们这个时候对质量已经高度认可,他们觉得产品没有什么差异。到这个时候人们采购这个产品,就好像采购一棵大白菜一样,扛起来就走。

中国的家电业发展到现在,就到了论公斤来买家电的阶段。我的一位朋友是宝钢教育学院的领导,他到家电市场上转了半个小时,买了三大件回来,海尔冰箱、小天鹅洗衣机、LG微波炉,都是名牌。半个小时挑了三大件回来,不就跟挑了三棵大白菜一样?因此在市场经济的环境中,同一产品价格的下降是普遍规律。也正因为价格不断下降,人们才能更多地购买,更多的人才能买得起这种产品。

(三)竞争与合作的生命周期

万事万物都有生命周期,竞争与合作之间的矛盾范畴,也有它的生命周期。一般来讲,最初是导入期的时候,企业之间合作大于竞争,大家共同合作,开拓市场、教育市场。一旦艰难的导入期过了,到了成长期,竞争开始激烈起来。竞争更多地是跑马圈地,很少你打我,我打你,这个时候合作还是大于竞争,大家要建立行业协会,要共同做规范市场的工作,要共同争取社会地位,要共同对付假冒伪劣产品。跑马圈地的时期一旦过去，就到了成熟期，激烈的竞争主要发生在成熟期。因为有供给数量的无限性，需求的有限性，遂出现了激烈的竞争。激烈竞争的特点是什么呢？主要是价格战，另外你进入我的领地，我进入你的领地。

几年前我在报纸上看过这么一个说法。青岛啤酒的老总彭作义在世的时候说过这么一句话：过去啤酒业的竞争不太激烈，他跟燕京啤酒的老总还能坐在一起，聊聊天，喝喝茶，商量一下中国啤酒的未来，怎么应付外来的品牌等。随着这个啤酒业竞争的激烈，青岛啤酒进入北京，燕京啤酒进入山东，双方的竞争激烈起来。到这个时候，双方还有什么茶喝？见了面往往连话都不讲，这个特定的时期是可以理解的。青岛海尔和海信，打了两场官司。为什么呢？原来你做彩电，我做冰箱，双方井水不犯河水，还蛮好的。后来你进入彩电领域，我进入冰箱领域，竞争激烈化了。在激烈的竞争当中，剩下少数几个品牌，大家又都联合起来，共同规范这个市场。到了产品的衰退期，很多企业退出了，剩下少数的企业，退出的企业要把售后服务交给存在的企业，这个时候合作开始多了起来。

因此，大家要看到，两个人在一起就有矛盾，既有统一的一面，也有对立的一面，关键是什么时间对立的一面居于上方，什么时候统一的一面居于上方。要按照事物的规律来判断竞争和合作的生命周期，最终，既不在于竞争，也不在于合作，而在于自己的利润能否最大化。

（四）竞争对手的弱点

竞争对手的弱点就是其产品（包含有形产品和无形产品）对消费者的需求没有满足之处。具体来讲，体现在三个方面。

一是时间上的弱点。在时间上没有对消费者需求充分满足的地方。民营企业是怎么进入国有企业的领地的？就是国有企业白天很规范，但到了晚上就不给消费者服务了，民营企业就要在这里多占市场。

二是空间上的弱点。在空间上不能对消费者的需要充分满足的地方。

三是在产品、价格、渠道、促销上对消费者的需要不能充分满足的地方。

企业应善于发现竞争对手的弱点，利用竞争对手的弱点，弥补竞争对手的弱点。行业发展的初期竞争主要在前线上竞争，比的是体力，比的是蛮力。一旦竞争到一定程度，那就要拼后方，比一比谁跟合作伙伴的关系搞得更合理，比一比谁对信息的收集和判断更细致、更准确。比一比谁犯错误的机会更少，比一比谁利用对方犯错误机会的能力更强。

（五）重视竞争对手信息的收集

你要分析竞争对手的优点和弱点，一定要重视信息的收集。怎么收集竞争对手的信息呢？

（1）从跟竞争对手做生意的人当中来收集信息。他们会透露大量的关于竞争对手的信息。

（2）从竞争对手的公开出版物当中收集关于竞争对手的信息。竞争对手要做宣传，一定要介绍企业的情况，在介绍企业的情况当中，自觉不自觉地透露出大量的信息。这些信息对企业就是有用的。

（3）通过观察竞争对手的实物产品来收集信息。

方法之一，购买、分析竞争对手目前的产品，看看他的优点、弱点是什么？

方法之二，分析竞争对手的垃圾。山东有一家企业，是商业企业，老板跟一个捡垃圾的老头是好朋友，这个捡垃圾的老头每个月要定期跟他汇报，汇报这一个月捡了竞争对手多少箱子，什么样的箱子，他通过箱子的数量就能判断出竞争对手卖出了多少东西，卖出了什么东西，他能判断出来，垃圾是不会说谎的。司马懿就是从诸葛亮每天吃多少饭，拉多少次便，判断出诸葛亮的身体不行了，因此可以放心大胆地前进了。

方法之三，在招聘雇员的时候收集竞争对手的信息。现在社会都是分工经济，竞争对手的雇员就是干某一个方面的工作，一旦不干了，那去哪里呢？往往还在这个行业内流动。通过招聘竞争对手的雇员，可以了解到大量的有关竞争对手的信息，只要不涉及很机密的事情，那么他为了到你这里来应聘成功，他就会自觉不自觉地透露出来。

通过上述途径收集的竞争对手的信息，就可以做大量的判断，分析他的优点，分析他的弱点。在收集竞争对手信息的时候还要注意一个问题。就是要在社会的道德和法律所容许的限度内，或者边缘来收集信息，别做"偷鸡不成反蚀一把米"

的事情，被人家以窃取商业机密的罪名告上法庭，没打到狐狸反而惹了一身骚，我们不能做这样的事情。

（六）如何发挥竞争优势

1. 从战略上讲，企业应该怎样发挥竞争优势呢

（1）提高我方的竞争力量。

怎么提高我们的竞争力量呢？首先是苦练杀敌本领，提高自己的业务素质，提高各个岗位的业务能力；其次，是借助第三方的力量，通过对消费者的观察，通过对社会的观察，利用第三方的力量来促进产品销售的成功，增强我方的竞争优势。比如说革命战争年代，我党的力量很弱，我们怎么提高自己的竞争优势？我们利用大自然做掩护，到山里去，到水里去，到地道里去，到高粱地里去，到群众家里去，依靠着社会各方面的条件来掩护自己，来提高自己的竞争优势。

（2）削弱对方的竞争优势。

怎么削弱呢？避实击虚，利用竞争对手的弱点，调动竞争对手暴露自己的弱点，避实击虚。我们党经常晚上打仗，为什么呢？因为国民党军队、日本军队晚上睡觉，我们力量再弱也是强的，对方力量再强也是弱的。

2. 从战术上如何提高竞争优势

（1）兵贵神速，在速度上下功夫。

兵贵神速，也就是说提高我方工作人员的素质，提高我方工作人员做事情的质量。士兵的素质高，跑路的速度快，在速度中追上对方，在快步前进中消灭对方，以致对方都来不及构建战斗攻势，就被击败了。

（2）训练工作人员的战术能力。在带兵作战的能力上，在勇敢上下功夫。

3. 在研究消费者、竞争者以及合作伙伴等社会各方面的基础上，借社会力量来提高自己、削弱对方

第二节　先发制人，还是后发制人

在企业的竞争当中经常碰到这些问题，是先发制人好，还是后发制人好？我们一一分析。

首先，先发制人也有成功的。先开发一个新产品，占据最高点，别人很难追上，即使别人追上了，你已经占据最高点了，你已经在消费者当中形成强有力的影响了。我们也确实看到先发制人失败的例子，比如说中国最先开发VCD的是一个叫万燕的企业，他先开发的VCD，但他完成了艰巨的开发市场的教育工作之后，已经精疲力竭了。爱多则以逸待劳，以"好功夫"广告，把可怜的万燕给打倒了。

后发制人也有成功的案例。比如说TCL、日本的松下，就是后发制人的典型。我们也看到许多后发制人失败的例子。爱多是后发制人成功之后，发现了后发制人的长处，说我们永远不做老大，我们永远做老二，就是这句话奠定了他后来失败的命运。老大、老二不是你想做就能做的，那是客观存在。一旦做了老大，必须按老大的原则来办事，老大是要负责任的。但是他老是想做老二，老是想捡便宜，一旦成为老大他不会做了，最后倒了。

如何认识先发制人、后发制人呢？我认为无论是先发制人，还是后发制人都好，关键看各自的条件。假如企业对市场把握得很准确，假如企业很有实力，打下了市场还能牢固地保住市场，那么你就先发制人。假如你的力量弱小，打下了市场保不住市场，那你最好是后发制人，利用对方暴露出的弱点，避实击虚，来树立自己的竞争优势。所以，我认为关键在于具体的条件，而不在于看哪个手段更好，关键看哪个手段更适合自己。

（一）先发制人的优缺点分析及应对策略

先发制人的优点是先声夺人，夺取市场的制高点，树立市场的竞争优势，在消费者当中树立良好的社会产品形象。它的弱点是什么呢？

弱点之一，由于它是新产品，往往是质量过于粗糙或者太超前，有很明显的弱点,很容易被后来者所利用。

弱点之二,资源被耗尽了,缺少与后来者对抗的实力,因为先来者必须做艰苦的市场开发、市场教育的工作,有可能在艰巨的市场开发完毕了,力量也消耗得差不多了。

弱点之三,管理不完善或者盲目自大,占领了制高点了,员工不自觉地骄傲起来了,而忘记大自然的规律是到了高点要走下坡路,结果被后来者逮个正着,打个落花流水。从军事的角度来讲,先占据制高点,应该不断地巩固自己的工事,迎接后来者即将到来的进攻。

先进者如何保持自己的领导地位呢?我觉得应该从以下几个方面努力。

第一,取得专利或者将产品迅速系列化。获得专利,竞争者就不容易在技术上突破。将产品迅速系列化,没有暴露出明显的弱点,竞争者很少找到发动进攻的机会。比如说,咱们国家在很偏僻的地方往往派一两个战士建一个边防哨所。为什么呢?建了边防哨所,虽然只有两个人,但是外国人就感到你家里有人,你注意到这个地方,他不敢进来。如果你失去防范呢?你不建这个哨所呢?别人一旦进来了,你就很难把他打出去。另外产品迅速系列化还有一个好处,能得到尽可能多的利润。

第二,防止员工成为竞争对手,或投向竞争对手。这要求企业尽可能地股份化。每一个企业都有不得志分子,不得志分子很容易被竞争对手拉去,不得志分子也很容易自己建公司。如何防止自己的员工成为竞争对手或者投向竞争对手?这是市场的先进者应该注意的方面。

第三,通过追踪消费者需求的变化,不断地开发新产品,满足消费者的新需求,牢牢地掌握市场的制高点。

第四,避免员工惰性的形成。成功了大家都有骄傲情绪,都有惰性心理。这就要求员工明白,戒骄戒躁,危机就在面前,你成功了竞争者一定进来,因此要提高警惕,迎接即将到来的新的战斗。

（二）后发制人的优缺点分析及应对策略

后发制人的优点是可利用先进者的弱点，弥补他的弱点，求得消费者的支持。后发制人的弱点是什么呢？占领市场的难度增加，假如说先进者没有暴露出明显的弱点，你很少能加以利用。

大家看日本的松下，在日本被称为最会模仿的公司，松下幸之助就是靠模仿起家的。因此经常训斥自己的部下，模仿都不会吗？他往往都是竞争对手先干了以后，他再购买竞争对手的产品，然后研究、分析它们的弱点，并加以弥补，他是这样成功的。但是一旦他成功了，和竞争对手的差距越来越小，需要自己创新了，需要自己开发了，反而不会。这叫什么呢？上了贼船下不来了，人在江湖身不由己。一旦走上了这路，很难转弯了。

后来者居上的战略是什么呢？

第一，是选择适当的补缺位置。假如竞争对手很强大，我就在他的边缘，麻痹竞争对手，我能生存得比较舒服。

第二，是利用先进者资本耗尽的时机，打击他并且收购他的公司。爱多打击万燕，就是利用万燕精疲力尽的时候打的。应该说爱多和万燕差不多同时起步，同时开发，但是爱多一直按兵不动，等万燕把艰难的市场开发够了，它后来者居上，以逸待劳。

第三，是向先进者学习处理方方面面关系的经验，然后利用竞争对手的弱点，后发制人。在世界包括在中国企业的竞争史上，既有先发制人成功的典型，还有后发制人成功的典型，但是他们后来都遇到了难题。即，一旦成功了，需要创新的时候，往往受到阻力。

比如说TCL，中国最早的电话大王，在彩电上、电脑上，后来者居上，结果把原来的起家根据地给丢了，而通信后来又是最有发展前途的领域。TCL也在总结，什么阶段特适合模仿，一旦到什么阶段又要从模仿向创新上转化。这都是后来者、发展中国家的中小型企业在模仿别人的道路上应该注意的问题。

第三节　弱者如何挤占强大品牌所垄断的市场

当一个强大品牌去垄断一个市场的时候，作为一个弱小者如何挤占进去？办法不外乎以下几个。

第一，差别化策略。选择合适的补缺空间，也就是说你在这个地方垄断，我在与你不发生竞争的其他地方发展。日本小汽车怎么进入美国的？美国人专门做大的。于是，日本就专门做小的，反正有人需要。TCL是怎样进入家电市场的？大家普遍在21英寸上竞争，25英寸上的竞争都很少，29英寸几乎没人争。好了，它从这个角度进入，满足消费者需求。

第二，挑战策略。比如说娃哈哈的非常可乐对可口可乐、百事可乐。这种策略的前提是具有挑战的资本，别人三拳两脚打不倒你，你就成功了。你敢跟强大者竞争，社会对你就注意了，强大者的成功又能带动你的成名。

第三，溢价策略。你不是做大众汽车吗？我就做高顶尖的汽车。比如说德国汽车不是美国汽车业的对手，它做奔驰，专为社会高层次的人服务。奔驰的竞争对手是谁呢？是珠宝、是貂皮大衣，这都是奢侈品。

第四，拾遗补缺。现在的牙膏普遍是大众化的牙膏，美国有一个厂家专门为牙床容易出血者开发了新牙膏，也有人使用，它也能开辟市场。这就是后来者、弱者如何挤占强大品牌所垄断的市场所具备的竞争策略。

课程回顾

一、关于竞争的几个问题的理解

1. 关于竞争的理解：正当竞争和不正当竞争作为一对矛盾范畴，是以对方的存在作为存在理由的。

2. 竞争的生命周期：垄断—垄断竞争—寡头垄断—商品竞争

3. 竞争与合作的生命周期：合作—竞争—合作

4. 竞争对手的弱点：①时间；②空间；③政策。

5. 重视竞争对手信息的收集：①从跟竞争对手做生意的人中收集信息；②从竞争对手公开出版物中收集信息；③通过观察竞争对手的实物收集信息。

6. 如何发挥竞争优势：从战略上，提高我方竞争力量，削弱对手竞争优势；从战术上，兵贵神速，兵贵神勇，借势。

二、先发制人，还是后发制人

（一）先发制人

（1）先发制人的优点：先声夺人，夺取制高点，树立竞争优势。

（2）先发制人的弱点：①质量粗糙；②资源耗尽；③骄傲自满。

（二）后发制人

（1）后发制人的优点：利用先发者的弱点，加以弥补，求得消费者支持。

（2）后发制人的弱点：占领市场的难度加大。

三、弱者如何挤占强大品牌所垄断的市场

①差别化策略；②挑战策略；③溢价策略；④拾遗补缺。

第 二十二 讲
如何在竞争中发现需求、满足需求（三）
——不同竞争地位的企业战略

本讲主要内容

一、中国和外国的先哲是怎样认识企业的竞争优势的

二、不同竞争地位的企业，应该采取什么样的竞争战略

第一节　中国和外国先哲是怎样认识企业竞争优势的

（一）中国的先哲老子、孙子是怎么认识企业的竞争优势的

企业要竞争，一定要发挥竞争优势。怎么发挥竞争优势呢？中国的先哲老子、孙子认为：必须要建立命运共同体。在共同的利益基础上建立有共同的语言，有共同的情感的命运共同体。大家可能会说了，老子不是讲消极无为的吗？老子怎么又讲竞争了？其实是大家错误地理解了老子，老子的无为绝不是消极无为的意思，老子的无为是在认识客观规律、遵守客观规律的前提下，有所为，有所不为的总和。换句话讲，该干的一定要干，不该干的一定不能干。这是多大的创新精神！老子还讲在一定条件下，弱能胜强，强能变弱。

企业要成功，要建立竞争优势，必须从以下几个方面去努力。

1. 努力建立命运共同体

什么是命运共同体呢? 就是有共同的利益结合, 不求你为我而干, 而求为你自己也得干。企业应该建立内部的命运共同体和合作伙伴的外部的命运共同体, 大家同心协力, 提高竞争优势, 为消费者服务。企业在创办的前期, 企业的力量弱, 人们更多地看眼前利益, 企业就通过相对比较高的工资和待遇来建立命运共同体, 大家在利益的基础上结合。企业一旦有实力了, 到了发展状态, 大家看长远利益了, 这个时候就应该用股份来结合, 建立命运共同体。

2. 加强教育, 增强危机意识

建立命运共同体, 用利益来结合, 只能说企业具备了发挥竞争优势的潜力, 但能不能发挥出来呢? 还要看有没有危机意识。如果没有危机意识的话, 感觉自己很好, 就是发挥不出来。怎么使企业的合作伙伴和企业的员工有危机意识呢? 必须加强教育。现在很多企业都把员工带到一些衰败的企业厂房前来做教育, 让他们看看这家企业是怎么倒闭的, 倒闭后员工的命运是什么, 这叫忆苦思甜, 增强员工的危机意识。现在很多企业在做培训的时候, 不仅让自己的员工参加, 还让合作伙伴也参加。目的是什么呢? 建立共同的价值观平台, 为矛盾冲突的协调奠定基础。

3. 扎扎实实打基本功

老子说: 千里之行, 始于足下, 九层垒台, 起于细土, 合抱之木, 起于毫末。大都是由小组成的, 复杂都是由简单构成的, 困难都是由容易组成的, 一口吃不出个胖子, 罗马不是一天建成的, 需要扎扎实实打基本功。各个岗位都要提高自己的工作质量, 才能最终提高竞争优势, 才能使自己立于不败之地。为了克服人们虎头蛇尾的弱点, 老子说要慎终如始: 谨慎地对待结束, 像开始一样, 坚持最后五分钟, 到大家都累的时候, 谁能把最后五分钟坚持下来, 谁就有竞争优势。

4. 避实击虚

扎扎实实打基本功, 只能使自己不被打倒, 要使自己成功, 还要发现竞争对手的弱点, 利用竞争对手的弱点, 避实击虚, 才能奠定竞争胜利的基础。

这就是中国的先哲，老子和孙子怎么强调发挥竞争优势的？他们从一个宏观的方面来强调，这也符合中国人从整体看事情的特点。

（二）外国的先哲（这里主要讲美国的管理学家波特）是怎么看待竞争优势的

波特认为企业的竞争归根到底都是在产品层面上的竞争，比的是物美价廉。因此企业怎样发挥竞争优势呢？需要从三个方面来发挥。

第一，总成本领先。靠价廉来提高自己的竞争优势。

第二，产品领先。我的价格可能偏高，但我的产品质量好，功能新，款式新，我不断开发新产品，我制造无人可比较的环境，我照样能得到消费者的支持。

第三，对于更弱小的企业来讲，要实行集中战略。集中战略就是围绕市场的特定的一群人，围绕特定的一个市场做工作，化整体劣势为局部优势。

娃哈哈是集中战略的典型，它从儿童口服液起家。长虹是总成本领先的典型，靠一次一次的降价，奠定了在中国家电业的地位。海尔是产品领先的典型，靠不断推出新产品，奠定了在中国家电业的领导地位。

这三个战略都有它的弱点。

第一，总成本领先的弱点是有可能陷于老百姓"好货不便宜，便宜无好货"的思维陷阱。另外，万一有人的价格比你的更便宜，你这个策略就行不通了。你的竞争会把竞争对手给培养起来。比如说等越南、老挝、柬埔寨开发彩电了，它的成本比长虹还低，这个策略就行不通了。

第二，产品领先也有弱点。产品领先意味着不断开发新产品，每一个产品做的量都不大，成本提高，当人们对成本敏感的时候，这个做法很难成功。另外，消费者认为：产品领先战略的质量明显高于别人的产品质量，一旦觉得质量和别人的没有什么差别了，这个策略就很难成功。比如说海尔，几年前他的价格再高，买的人也很多，但是随着社会的发展，人们认为海尔的产品质量和别人的没有明显的差距，就比成本了，海尔的领先战略就遇到了他的困境。

第三，集中战略的弱点是风险太大。因此娃哈哈从儿童口服液起家，迅速向其他方面来转移，结果在整个"水领域"全面进入，成为市场的领导者。

第二节 不同地位的企业应该采取什么样的竞争战略

孙子兵法有句话，"知己知彼，百战不殆"。什么意思呢？一个企业采取什么样的战略，取决于自己的竞争地位，取决于自己的竞争优势的发挥。因此弱者如果按照强者的办法来打仗，必败无疑，强者按弱者的办法来打仗，也会遭到很大的损失。强者有强者的打法，弱者有弱者的打法，关键是怎样把你的竞争优势发挥出来。

在一个行业当中，占据龙头老大地位、市场占有率第一的企业叫市场领先者。第二类叫市场挑战者和市场追随者，在市场当中，位居第二、第三、第四、第五、第六等位置的企业。其中一部分不甘于现有的地位，竭力向市场领先者发动进攻，这就叫市场挑战者。还有一部分甘心居于市场眼前地位，愿意和市场领先者和平相处，这就叫市场追随者。市场当中还有一部分企业是在市场的夹缝中求生，或者给大公司做配套，或者在大家不愿意干的领域干工作，他们叫市场补缺者。不同的竞争地位决定了不同的竞争战略。

1. 市场领先者的竞争战略

市场领先者最大的顾虑是后来者追上。近几年海尔和海信为了争夺"青岛市场占有率第一"打了多少架？TCL和长虹为争"中国市场的占有率第一"打了多少架？市场领先者怎么保住自己的市场地位第一呢？只能不断进攻，不断创新，在产品、促销、定价、分销各方面全面进攻。但是人的创新是受到创新能力和创新精神两方面的限制的，就算创新精神还有，但是你的创新能力，受到智力、体力和知识结构等方面的限制，尤其是在科学技术日新月异变化的今天，后来者经常利用最新的科学技术，对市场领先者发动进攻。在这种情况下，市场领先者就必须做出防御的战略，来挡住竞争者的竞争。市场领先者应该怎样进行防御呢？

第一，阵地防御。在现有的产品上精益求精，不再开发新产品了。优点是精益求精，发展竞争优势。弱点是一旦产品的技术变化了，就无法应付市场的变化。比如说做电风扇，质量再精益求精，一旦市场出现空调，就得不到市场的支持了。因此我们还应该用动态的、技术变化的观点来看问题，时刻追寻技术的变化，满足市场的需求。

第二，侧翼防御。即，保卫我的弱点，弥补我的弱点。比如说百货大楼面临着超市的挑战，百货大楼在市中心，超市向郊区发展，百货大楼应该怎么办呢？在稳定百货大楼经营的基础上，也在郊区发展超市，建立商业集团，来顶住超市的进攻。

第三，先发防御。不等挑战者进攻，我抢先对你发动反攻。先发防御带有心理战的含义。比如说竞争对手要建一个厂房，建了对我影响很大，我怎么办呢？我就对外发布假信息，我也要建一个规模更大的厂房，别人就不敢建了。因此来讲，市场竞争是虚虚实实、真真假假，里面充满了大量的假信息，一定要进行信息的判断，在判断上下功夫。

第四，防守反击。假如我有能力挡住竞争对手的进攻，我就尽可能地挡住他一段时间，在这段时间里发现他的弱点，并且加以弥补。比如说日本的丰田公司，遭到德国奔驰的进攻，在挡住了半年之后，开发了一种新产品凌志来对抗奔驰，但价格比奔驰还要低。防守反击的前提是，你能抵挡一阵子对方的进攻。假如说你不能挡住对方的进攻，或者说别人进攻后，你没有能力再反攻回来，你只能是以攻对攻，别人降价你也只能降价。

第五，运动防御。就是在某一个市场领域上，我已经不具备市场优势了，怎么办呢？我向别的方面进行开发。可以说现代的很多企业，挡不住游击队的进攻了（别人的价格确实比他的便宜），怎么办呢？要做别人做不了的产品，就叫运动防御。

第六，收缩防御。我做了很多产品，但是在激烈的市场竞争当中，随着我的发展，我的劳动力成本，各方面成本越来越高，而别人成本要比我低得多，我无法抵住别人对我的进攻，于是我就把好多产品留给别人做，我专门做别人做不了的产品，这就叫收缩防御。

企业不在于干什么，而在于干什么能得到最大的利润。市场领先者最大的风险是什么呢？正规军打不过游击队。国民党的正规军、日本鬼子的正规军确实打不过共产党的游击队。

我记得有一个史料记载：当时日本驻中国的总司令叫冈村宁次，他训斥华北驻军的司令多田骏，说你受过正规的训练，怎么连土八路都打不过？这个华北日本的总司令说什么呢？土八路不按照皇军的军事操典办事。这就是典型的正规军打不过游击队。但是，共产党一旦成了正规军，打土匪式的游击队照样绰绰有余，"林海雪原""乌龙山剿匪记"就说明了这个问题。研究一下我们是怎么打击土匪的？很简单，化整为零，化零为整。你是游击队，我也是游击队，以游击队抑制你的竞争优势，提高我的竞争优势，以正规军的规模经济来打击你。

我给中国长城葡萄酒做营销规划时，长城葡萄酒在西南、西北的一些地方，正遭到当地地方品牌的进攻。降价还是不降？降价丧失品牌，不降价也不好办。怎么办呢？我给他出了一个办法，建立一个廉价的品牌，价格和当地的价格一样高，再打上中国长城制造的标志，提高总品牌的力量，用高和低两个品牌来打击他，从而贬低他到低品牌的水平上。

2. 市场挑战者的竞争策略

第一，正面进攻。在产品、促销、分销、定价全方面发动进攻，最突出的是价格战。一旦价格战爆发，就看谁的力量更强，谁更耐消耗。

第二，侧翼进攻。进攻竞争对手的弱点，比如说，日本的汽车怎么进攻美国市场？就从小家电、小汽车开始，依靠这个打进了美国市场。一旦打进去了，再向对方的高中档开发，打得美国人落花流水。因此，作为市场领先者不得不防微杜渐，猜测竞争者的下一步是什么，他背后的目的是什么，只有这样你才能得到对方的真实的意图，才能为合理部署奠定基础。

第三，围堵进攻。比如说江苏森达皮鞋，请意大利的设计大师来开发女鞋，整整做了一年的准备，然后向东北地区发动进攻。为什么呢？东北天冷，姑娘打扮的空间大，愿意穿皮装，愿意穿各种各样的皮靴。一旦打进去了，还能占领，这就叫围堵进攻。这在江苏森达历史上被称为辽沈战役。

第四，运动进攻。在现有的地区，我没法跟你对抗，我就向其他的、你不注意的地区发动进攻，建立新的据点。比如说康师傅，在台湾不是"统一"的对手，后来向大陆转移，没想到在大陆成功了，成了方便面领域的第一品牌。

第五，游击进攻。游击进攻的目的不是打败对方，而是消耗对方的有生力量，拖垮对方，这特别适合于中小企业。比如说美国IBM这么强大，在美国西南太平洋的一个州却打不过一个小企业。你做广告，我（小企业）退，你不做了，我马上出来做，你进我就退，你退我就出来。IBM是全球经营的，犯不着为一个小地方伤很大的脑筋。而它（小企业）全神贯注做这个领域，双方对抗了两年，结果IBM受不了了，这家伙（小企业）太无赖了，惹不起还躲不起啊。得了，我不要了，你来干吧。这就是游击进攻。要拖垮对方，你要比对方更有忍耐力，更有消耗力。

市场挑战者挑战的手段是什么呢？主要是价格战。

第一，在价格上做文章。降低价格，或者推出新的廉价的产品。

第二，在产品上做工作。你做一般的，我做名牌产品，或者我产品系列化。TCL是怎么对抗长虹的？长虹是低成本领先，低成本领先就是一个产品反复地做。TCL是以速度对抗规模产品差异化，我产品系列化，我开发多种类的产品，满足人们需求迅速变化的需要。

第三，产品创新。不断开发新产品。

第四，在服务上做文章。海尔当时是怎么对付洋品牌的？就在服务上做文章。

第五，在促销上做文章。像秦池、爱多，都是通过标王成功的。尽管后来都失败了，那不是当标王的罪过，那是它当了标王以后，规模大了，它的管理跟不上造成的。

第六，在分销上做文章。像戴尔电脑是怎么成功的？IBM是代理，我是直销。

市场挑战者的风险是按捺不住高兴的心情，得意忘形，忘记了"黎明前的黑暗"这句话，结果做出了错误的决策。我讲个例子。康佳和长虹几年来一直是对抗，长虹说以民族产业报国为己任，推出红太阳一族。康佳说什么，谁升起谁就是太阳，一副咄咄逼人的市场挑战者状态。康佳曾经在20世纪90年代末在北京大学搞过一个学术演讲月活动，口号是什么呢？气贯长虹。在产品、价格、促销、分销等领域发动了全面进攻，但是康佳实力还是不如长虹，一旦全面打起来，长虹衰弱了，康佳衰弱得更厉害。长虹的库存很多，康佳的更多。长虹的总经理倪润峰下去了，后来又东山再起了。康佳的总经理则退了两个。这就叫什么呢？偷鸡不成反蚀一把米。按照孙子兵法的话讲，没有几倍于对方的力量，你是不能发动全面进攻的。

3. 市场追随者的竞争策略

市场追随对于弱小企业，对于落后的国家的企业，是最好的学习的办法。能节省市场开发和产品开发的成本。但市场追随者也有弱点。风险在于追得紧了，被当成竞争者当头一棒。追得慢了，跟不上，后面的人还在追你。市场追随者的策略是什么呢？有以下三个方面。

第一，全面追随。你干什么，我干什么，甚至在名称上、包装上都全方位地模仿，你叫杉杉，我就叫彬彬；你叫海尔，我叫河尔；你叫露露，我就叫宁露，依靠消费者的选择的模糊性来借东风，把我这个产品销出去，这适合于企业实力比较弱的企业。

第二，有距离的追随。你先做，当你得到了基本的利润之后，我再做。或者说我不是模仿你的全部，我模仿其中的一部分，这样对市场领先者也有一定程度的容忍，这适合于实力比较强大一点的弱小企业。

第三，有选择的追随。我在吃透你的基础上，弥补你的弱点，还要超出你。像日本对美国的产品模仿就是有选择的追随，因此美国的技术在日本开花结果。

市场追随者最大的风险就是一旦走上了追随的道路，到了该向创新方向转变的时候，不知道怎么转了。按照制度经济学的话来叫路径依赖，一旦走上了一条道路，就要继续走下去，往往没有意识到要转变。

4. 市场补缺者

市场补缺者是在市场的夹缝中求生的企业。这个夹缝的条件是什么呢？

第一，有一定的市场规模，也有一定的发展潜力。

第二，大企业不屑于进入，利润低，但对于我来讲，正适合我做。

第三，我靠专业化的经营，专干一个螺丝帽，专干一个轮胎，做到全国第一，让别人进不来。市场补缺者靠什么来经营？靠专业化来经营，或者给大公司做加工配套，或者为特定人群、为特定地区、为特定渠道、为特定市场用途进行生产。

市场补缺者的风险是什么呢？一旦技术变化了，就不见得是个好的市场空间了。另外，你一旦把这个市场开发出来，强大的竞争者会进入，从而把你赶走。

因此市场补缺者的策略是什么呢？狡兔三窟。要发现补缺，创造补缺，扩大补缺，保护补缺。多建立几个补缺空间，相对就安全了。

课程回顾

一、中国和外国先哲是怎样认识企业竞争优势的

（一）中国的老子、孙子

　　1. 要建立命运共同体。

　　2. 加强教育，树立危机意识。

　　3. 扎扎实实打好基本功。

　　4. 避实击虚。

（二）外国先哲（美国管理学家波特）

　　1. 总成本领先。

　　2. 产品领先。

　　3. 弱小企业实行集中战略。

二、不同地位的企业应该采取什么样的竞争战略

（一）市场领先者

　　①阵地防御；②侧翼防御；③先发防御；

　　④防守反击；⑤运动防御；⑥收缩防御。

（二）市场挑战者

　　①正面进攻；②侧翼进攻；③围堵进攻；

　　④运动进攻；⑤游击进攻。

（三）市场追随者

　　①全面追随；②有距离的追随；③有选择的追随。

（四）市场补缺者

　　发现补缺，创造补缺，扩大补缺，保护补缺。

第 二十三 讲
战略规划
——怎样在长期的竞争中发现并满足消费者的需求

本讲主要内容

一、什么是战略规划

二、战略规划的步骤

第一节　什么是战略规划

所谓战略规划，就是企业通过规定企业的基本任务、目标和业务组合，使企业的实力、资源和变化中的环境相适应。企业的基本任务，就是从长远来讲，满足消费者哪方面的需要的，在哪个领域满足人们的需求的。比如说蒙牛就是在乳业方面满足消费者的需求，有的就是在通信方面满足消费者的需求。目标，就是在一段特定的时间内，计划达到什么样的具体目标。包含着市场额、利润额、企业的规模等。业务组合也叫产品组合，是在利润最大化的前提下，不同种类产品的、有比例的搭配。前期的这个有比例的搭配到了后期可能有变化。

战略规划的最终目的是做到企业的内外环境协调，来达到长期在竞争中发现并满足消费者需求的目标追求。战略规划的本质是企业长期的、可持续性的发展。换言之，是吃着碗里的，看着锅里的，想着田里的，在昨天、今天和明天之间，搭起一座联系的桥梁。战略规划的核心是寻求新的经济增长点，或者叫高绩效的业务。因为消费者的需求在不断变化，现在这项产品是大家最追求的，我靠它生存。几年以后呢？可能需求过去了，新的产品又出来了，要实现百年老店的目的，就必须不断地寻求经济增长点，这样才能达到稳定的、均衡的发展。

战略规划的主要内容是三点。

第一，把公司的各项业务当成一项投资组合来看。这么多的产品，谁是重点发展的？谁是一般维持的？谁是要放弃的？谁是要逐步减少投资的？企业对这么多的产品不可能同样平均地对待。

第二，按市场的潜力作为是否加大投资的依据。到底谁重点发展？不是看他眼前的利润和眼前的市场规模，而要看他未来的市场规模，未来给企业带来的利润。

第三，要为每一项业务制定一个战略方案。要重点发展的，应该怎样重点发展？资金哪里来？人才哪里来？组织怎么建设？文化怎么调整？分几个阶段发展？如果要维持投资不变，挣来的钱投向重点发展的方面，那你就要想怎么维护？对于一般维护的产品来讲，它跟重点发展的产品利润有差别，员工的工资各方面都有差别，你怎么调整这个部门产品之间的不平衡？怎么调整造成人和人之间利润的不均衡？维持到什么地步就要收缩？怎么收缩？都得考虑。比如说要放弃，要放弃也得考虑，分几个阶段放弃？放弃的这些人和设备怎么办？怎么安排？如果要减少投资也要考虑，分几个阶段减少投资？第一阶段减少多少？第二阶段减少多少？第三阶段减少多少？减少的这类资本哪里去？人哪里去？不能把这问题考虑好，你企业的这个业务组合是不可能组合得好的。

制定战略规划的依据是什么？就是围绕着企业、竞争者、消费者这三者关系做文章。要按照长远的发展潜力，长远的竞争优势来确定自己应该干什么，不应该干什么。长远的发展潜力是对消费者的需求来讲的，哪个方面最具有发展的潜力。长远的竞争优势是从我和竞争对手的角度来进行比较的，做什么我有竞争优势，而且能长期地保持竞争优势。营销在我看来就是打江山、保江山。选择什么样的江山你才能打得了，你才能保得住。

两千多年前中国的孙子兵法就讲了一句话："知天知地，胜乃不穷；知己知彼，胜乃不殆。"什么意思呢？"知天知地"，是从环境的变化对消费者需求的变化角度来讲的，是按照长期的发展潜力来思考问题的，"知己知彼，胜乃不殆"，是从长期的竞争优势方面来考虑问题的。所谓"知己知彼，百战不殆"，那是从竞争的角度而不是从战略的角度思考问题。

无独有偶，美国的战略学家波特也提出了SWOT原则。S（strong）是强势的意思，W（weak）是弱势的意思。强势和弱势是从竞争中思考问题的。那么

O（opportunity）是机会，T（treat）是威胁，机会和威胁是从环境变化的角度，从长远发展潜力的角度来思考问题的。说到底，根据什么来制定战略规划？长远的发展潜力，长远的竞争优势，围绕着企业、竞争者、消费者这三者关系来思考问题。

制定战略规划的条件是什么呢？收集信息，判断信息。首先是收集信息。你不收集信息，你知道谁最具有发展潜力？什么样的产品最具有发展潜力？你不收集信息，你知道跟竞争者相比，你哪方面竞争优势最明显？你干什么才能长期地保持竞争优势？因此第一要收集信息。只有收集信息还不行，还要判断信息。因为人的文化素质的不同，往往对同一个信息，不同的人易得出不同的结论。

在1995年前后，长虹当之无愧是家电业第一，海尔不如长虹。但几年过去后，海尔遥遥领先于长虹。为什么造成这种局面？战略规划。海尔向国外发展，搞国际化（中国的产品向国外成熟的市场发展，有劳动力成本的优势，在产品质量不输于人的情况下，有长期的竞争优势）。长虹和康佳呢？向国内发展，城市饱和了向农村发展。1995年前后，中国城乡的收入差距第一次出现了比改革开放前还要大的局面，国家要提高农民收入。它们（长虹和康佳）计划开拓农村市场，技术、名称、价格各方面都考虑得很全面，因为要开发农村市场一定需要高科技（农村的信号不全，电力不正常，没有高科技根本开发不了）。但是，农村市场的高潮迟迟没有表现出来。因为，工业生产对大自然的依赖性弱，能做到相当大程度的标准化。如，时间的标准化、生产工具的标准化。农业直到现在还靠天吃饭，对大自然的依赖性强，效率低。从这个角度来讲，农村市场怎么开发？农村市场短期内能不能出现革命高潮？如果不能出现的话，这个决策就有失误。正因为这个失误，长虹耽误了五年的时间，等后来再搞国际化，比海尔晚了起码五年，这五年在竞争上是多大的商机？

战略规划注意的问题有如下几点：

第一，战术支撑战略。战略一定有战术所支撑着，一定有业务组合做支撑。现在很多企业的战略规划没有科学根据的业务组合做支撑。为什么靠它？根据是什么？讲不清楚。理论上讲不清楚，一旦做了能讲清楚？只能是空洞的战略。

第二，很多企业的战略缺乏步骤性。第一阶段风险是什么，应该干什么？第二阶段的风险是什么，应该干什么？第三阶段的风险是什么，应该干什么？这三个阶段之间怎么协调？没有计划。一旦到了该协调的时候，往往不能协调好，从而使企业出现或大或小的障碍。在这方面我认为毛泽东的《论持久战》特别值得大家学习，那是我认为做得非常好的战略规划。

第二节　战略规划的步骤

战略规划围绕着基本任务、目标、业务组合来做文章。

（一）要规定企业的基本任务

1. 明确指出公司要参与的主要竞争领域

从长远来讲,你是满足人们哪个方面的需求的,你是满足哪些人的这个方面的需求的?具体来讲呢,你的目标顾客是谁?他现在的需求是什么?他现在需要什么样的产品?他将来的需求是什么?他将来需要什么样的产品?这五大问题想清楚了,你就在今天和明天之间搭建了一个平衡的桥梁。

2. 要以市场为导向而不是以产品为导向

假如说,你是做圆珠笔的,一旦将来的社会不要圆珠笔了,你怎么办?假如你说我是以满足书写能力为基本任务的,现在需要圆珠笔做圆珠笔,将来需要别的笔我再做别的笔,这不是就能适应嘛!因此,美国的IBM,不说他是做电脑的,他说他是满足人们对通信能力的需要的。美国的石油公司也不说他是做石油的,说是满足人们对能源问题的需要的。美国的化肥公司也不说是做化肥的,说是满足人们解决饥饿问题的需求的,要解决饥饿就需要肥料,现在需要化肥,将来可能需要别的肥料。

3. 制定经营准则

你为特定的目标顾客服务,就意味着你有特定的合作伙伴,如经销商、供应商等。怎么和这些人处理关系?和这些人处理关系的过程中应注意哪些方面的问题?应该提高哪些方面的能力?把这些方面规定出来就叫作经营准则。我认为"三大纪律八项注意"就是人民红军的经营准则。

（二）建立目标和目标管理体系

即,在特定的时间内企业要达到什么样的具体指标,而且还要把这个具体指标分到各分公司,分到各工厂,分到各车间,分到各个人身上。做到人人有事干,事事有人干。在建立目标和目标管理体系的时候,企业要注意以下的问题。

（1）数量性:一定要有数量性的标准。

（2）层次性:划分到每个车间,每个个人。

（3）协调性：政策不能相互冲突，你不能讲既要有更大的市场占有率，又要更高的利润率。

（4）现实性：计划指标是经过努力能完成的。

（三）确定业务组合

靠什么样的产品和产品组合去实现这个指定的目标，这就需要两个方面的工作。

1. 要分析现有的业务组合

即哪些该发展，哪些该淘汰，哪些该维持。怎么分析现在的业务组合呢？美国有个著名的波士顿咨询公司，他提出了一个分析现有业务组合的分析工具。他是按照长远的发展潜力和长期的竞争优势两个指标来分的。

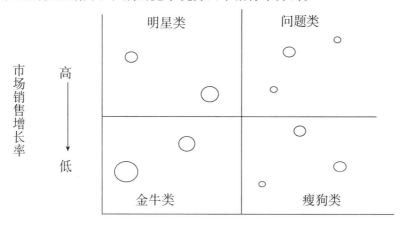

相对市场占有率（相对于竞争对手而言）

纵坐标是市场销售的增长率，不就是长远的发展潜力吗？横坐标是相对的市场占有率，不就是竞争优势吗？根据这两大指标，我们可以把企业所有的产品分成四大类别。

第一类是明星类的产品。既具有长远的发展潜力，又具有长期的竞争优势，是未来的经济增长点，因此，要重点投资。

第二类是问题类的产品。有长远的发展潜力，但是市场的竞争地位低，这类的产品干好了成为明星类的产品，干不好就滑下去了。

第三类叫金牛类的产品。市场的潜力不大，但现在能赚很多钱。那么对这样的企业，对这样的产品就应当维持投资不变，挣来的钱投向别的方面。

第四类是瘦狗类的产品。市场地位低，没有发展潜力，这样的产品是该淘汰的，目的是将有限的资源投入到最该投入的地方上去。

根据对现有产品的组合的分析，企业就可以做出决定了，有四种策略可供选择。

第一，重点发展战略。对于明星类的产品，问题类有可能向明星类转化的产品，要重点发展，重点投资。

第二，维持战略。对金牛类的产品要维持投资不变，挣来的钱转向其他方面，转向明星类的产品的投入方面。

第三，收缩战略。对于问题类正在向瘦狗类转化的产品，以及金牛类正向瘦狗类转化的产品，减少投资，把挣来的钱主要向重点发展的方向上投。

第四，放弃战略。对瘦狗类的要放弃。对于明星类、问题类加速向瘦狗类转化，和金牛类加速向瘦狗类转化的产品要放弃。这样一来，企业有限的资金，有限的人力，就可以投向最应该投入的方向上去，向最有新的发展前途的增长点来投。

2. 确定未来的增长计划

确定了投资计划，怎么保证它成长呢？怎么保证这个重点的投资能发展起来呢？还要做以下几个方面的工作。

第一，密集性的增长。假如现有的产品在现有的地区市场还有前途的话，有三种办法。

（1）市场渗透。依靠现有的产品在现有的地区市场上多打广告，多做宣传，降价，让更多的人购买。

（2）市场扩张。依靠现有的产品向其他的地区市场扩展，开拓新市场。

（3）产品开发。在现有的地区市场上，依靠现有的产品进行系列化的开发。比如说原来做女士化妆品，现在做男士化妆品。过去做运动员穿的运动服，现在做一般老百姓穿的运动服。

第二，一体化的增长。假如说我现有的产品还有前途，但是影响我发展的就是后方的供应和前方的销售，或者说现有的产品还有前途，但是要扩大规模，受到地域的限制应该怎么办？有三种办法。

（1）水平一体化。现有的产品还有前途，要大发展，但是需要投资很大，且远离市场，怎么办呢？市场经济总是优胜劣汰的，总有些企业活不下去，我能不能兼并它，做到低成本扩张？利用别人的原料、制造厂房、销售渠道、工作人员、技术工人、社会关系来做到低成本扩张。比如说海尔的扩张，就属于这个性质。

（2）前向一体化。假如影响发展的是前方的销售和经销商的关系闹得很僵。怎么办呢？我就向前控制经销方，或者通过独资、控股、参股的方式控制销售。

（3）后向一体化。假如制约我发展的是后方的供应，我就向后通过控股、参股的办法，通过独资的办法建立强大的后方供应线。

第三，多元化增长。假如现有的产品没有发展前途了，怎么办？只好做多元化扩张。多元化有三种形式。

（1）同心多元化。我有相关的技术，我有相关的产品进行开发，这样的多元化风险是最低的。

（2）水平多元化。就是利用原有市场，向现有的顾客提供多种类的产品，就好像百货商场一样，开饭店、美容院、书店，让更多的顾客得到享受。

（3）综合多元化。就是向与现有的产品和技术市场无关的领域进行发展。天上的飞机、导弹，地上的鸡蛋，没有不做的，适应特大规模的企业。

（四）确定职能支持

（1）财务职能计划。要发展总得有资金，从哪些途径找钱？靠什么才能把钱找来？现在怎么找钱？将来怎么找钱？

（2）人力资源职能计划。到哪里找大学生？靠什么把大学生吸引来？靠什么把大学生留住？

（3）组织结构职能计划。组织结构要进行调整，建立适合新的产品需要的新的组织结构，新人新办法，旧人旧办法。

（4）企业文化职能计划。建立与新的产品需求相适应的企业文化。咱们国家有一个著名的家电生产厂家，搞冰箱、空调、洗衣机，搞得很好，但是搞电脑和手机搞得不那么成功。原因是什么呢？冰箱、彩电、洗衣机都是西方相对成熟的产品，在中国就要做到跟中国相结合，控制成本，提高质量，是相对稳定的。而手机和电脑呢？我们跟西方差不多同步，或者晚不了多少年，这个行业还没有达到成熟状态，变化特别大，它需要变化性大的企业文化。因此，你要建立与你新的产品需求相适应的企业文化，然后你才能实现长远的战略规划。

课程回顾

一、什么是战略规划

1. 定义：企业通过规定企业基本任务、目标和业务组合，目的是使企业的实力、资源和变化着的环境相适应。

2. 本质：企业长期的、可持续性发展。

3. 核心：新的经济增长点或高绩效业务。

4. 主要内容：把公司各项业务作为一项投资组合；按市场的未来潜力作为是否加大投资的依据；为每一项业务制定一个"战略方案"。

5. 依据："知天知地，胜乃不穷；知己知彼，胜乃不殆"；波特"SWOT"原则。

6. 注意问题：战术支撑的战略；步骤性。

二、制定战略规划的步骤

1. 规定企业基本任务。

2. 确定企业目标。

3. 分析现有业务组合，确定新的业务组合。

4. 确定职能（制度）支持。

第 二十四 讲
建立全员顾客导
向型组织

本讲主要内容

一、营销部门和其他部门矛盾出现的原因和表现

二、建立全员顾客导向型的企业组织

三、《营销哲学》课程的回顾

在企业里，营销部门和其他部门的矛盾，是一个共同存在的问题，也是一个企业领导非常头痛的问题。本讲将提出解决这个问题的办法。

第一节　营销部门和其他部门矛盾出现的原因和表现是什么

营销部门和其他部门矛盾出现的根本原因是由集体生活天然的弱点造成的。集体生活天然的优点是分工，提高效率。天然的弱点是互相攀比，待遇向高的攀，工作向轻松的攀，一个和尚挑水吃，两个和尚抬水吃，三个和尚没水吃。现代社会分工越来越细致化，这导致互相攀比的现象以加速度的加速度来进行。这就使得营销部门和其他部门的关系变得更加紧张。而这些问题不解决，又影响到企业的经营发展和壮大。

美国营销专家克里斯汀·格朗鲁斯说过这么一句话，"从组织和心理的角度看，只要营销还坚持独立的，或孤立的市场营销部门或销售部门的职责，取得营销成功就很困难。"要给顾客提供更大的价值，不仅仅是营销部门的事情，它是企业各部门共同协调配合的结果。黑格尔讲"合理的必存在，存在的必合理"，营销部门和其他部门闹矛盾一定有闹矛盾的道理，在承认矛盾合理性的前提下再消除它的不合理性，这就达到我们的目的了嘛！这是一种思想方法，更是一种工作方法。

营销部门和其他部门的矛盾，主要表现在什么地方呢？

1. 营销部门和开发部门的矛盾

营销人员认为科研人员是不懂市场的科学怪人，他们对获取利润不太关心，喜欢凭兴趣干工作，喜欢在较少人监督、较少产品研究成本的情况下工作。而科研人员则认为营销人员是惯耍花招的、惟利是图的商贩。营销人员希望看到顾客喜欢新产品，特别注重成本，而不喜欢搞一些科学技术的创新，这使得科研人员很不习惯。

如何看待他们之间的矛盾？科研人员重长远利益，热衷于研究各种基本问题，寻求重大需求的突破，力求产品的性能尽善尽美，它对企业长远发展，对企业未来是有好处的。营销人员也有自己的合理性。他们重眼前利益，主张利用现有技术对现有产品改进，新产品的成功率比较高但产品的生命周期较短。群众的觉悟，群众的认识，从长远看总是在提高。一旦大家认识到了，说你只会制造概念。因此，我们要力求做长远利益和短期利益的协调，将它们共同的协调点结合到一起，来消除它们在共同发展中不一致的地方。

解决的办法：营销人员和科研人员共同成立联合委员会，大家一起定期举办研讨会，共同探讨存在的问题。在交流的过程中，双方互通有无，互相了解对方，使营销人员具有一定的科技意识，使技术人员具有一定的营销意识。一旦发生了矛盾，通过联合委员会的权威人士就能最大限度上将双方的矛盾冲突降低到最低点。

2. 营销部门和工程技术部门产生的矛盾

工程技术部门负责寻找设计新产品和生产新产品过程中所需要的使用方法。工程师们比较关心技术质量的保证，成本费用的节约，以及制造工艺的简便化。当营销人员要求生产多种类的产品的时候，特别是要求用定制配件来取代标准配件的时候，工程技术人员便会跟营销人员发生冲突。他们认为营销人员只是要求外观美，而不注重产品的内在质量。

营销人员更多地看到的是消费者,尤其是大众消费者的眼前利益。而工程技术人员更多地看到长远利益。他们之间的矛盾,也与部门矛盾有关,你更多地考虑客户的需求,我要考虑成本的节约和质量的保证。

怎么解决他们之间的矛盾?一般来讲,在那些懂得技术的人做营销经理的公司里,这个矛盾并不突出。因为他们能与技术工程人员较好地沟通,同时也通过委员会的方式来加强沟通,协调他们之间的矛盾冲突。

3. 营销部门和采购部门经常发生矛盾

采购人员负责以最低的成本买进质量、数量都合适的原材料与零部件,通常他们的购买量大,且种类较少。但营销经理通常希望在一条生产线上推出多种型号的产品,这就需要采购量小而品种多的原材料和配件。采购人员认为这是凭空加强了工作难度。采购人员还对营销人员对原材料及零部件的质量要求过高不满,尤其反感销售人员的不正确预测,这将迫使他们不得不以较高的价格条件来购进原材料,反而构成库存原料积压的现象。

怎么解决?还得承认双方的合理性。但是过分强调岗位职责,丢掉了大局意识怎么办?也要加强沟通,由一个委员会的方式加强沟通,在沟通当中互通有无。万一发生矛盾,由一个委员长来解决。

4. 营销人员跟生产部门发生矛盾

生产人员负责工厂的正常运转,以达到用合适的成本,在合适的时间内,生产合适数量产品的目的。他们经常忙于处理机器的故障、原材料的缺乏、劳资的纠纷及怠工等问题。他们认为营销人员不了解工厂的政策,却埋怨工厂生产能力不足、生产拖延、质量控制不严、售后服务不佳等。而且他们非常反感营销人员做出的不正确的销售预测,要求生产难以制造的产品,向顾客承诺过多的服务等。他们认为营销人员对于满足顾客的要求而导致成本上升的现象毫不在意,而没有成本的控制,就不可能有利润的增长。

但是销售人员也有他的道理,怎么办呢?加强沟通,在沟通的基础上,使营销人员了解一些生产部门的知识,然后在对顾客做合理的承诺,在要求企业生产多种类产品的时候,考虑到企业的实际情况。另外,两个部门的人员也可以相互交流。比如说营销的一个部门经理到生产车间当主任,这个问题就得到较好的解决。中国长城葡萄酒公司原来的营销副总经理,后来主管生产,他跟营销部门的协调就非常简单而容易,他往往比营销部门更多地看到了未来应该注意的问题。

5. 营销部门和财务部门的矛盾

财务经理经常以具备评估不同活动的赢利能力而感到骄傲, 他们在碰到涉及营销经费的时候, 经常大喊头痛。如果营销经理说不清楚这笔钱投进去能带来多大的赢利, 他们就拒绝批准, 或者说找出各种的借口加以拖延, 这就搞得营销经理很不痛快。营销人员认为财务人员对资金控制得太紧, 拒绝把资金用于长期的、潜在的市场的开发, 他们把所有的营销经费都看作是一种浪费, 而不是投资, 财务人员过于保守不愿冒风险, 从而使许多好的机遇失之交臂。

怎么解决双方的矛盾? 在沟通的过程中使财务人员具备营销意识, 使营销人员具备一定的财务意识, 这样才能使得财务人员运用财务工具和理论, 支持对全局有影响的营销工作。

6. 营销部门和信贷部门的矛盾

信贷部门的职员负责评估潜在顾客的商品信用等级, 拒绝和限制向信用不佳的企业提供信贷, 他们认为营销人员对谁都做买卖, 结果造成很多欠账、坏账。营销人员则感到信贷标准定得太高, 他们完全没有欠账的观念, 实际上会使公司受到更大的损失。令他们伤心的是什么呢? 好不容易找到的客户, 听到的却是因为这些顾客的信用不佳, 而不能与之成交的信息。换句话讲, 财务人员和信贷人员把钱包捂得太紧了, 没有把握不动手, 现实市场哪里有那么多有把握的? 总是有六七成把握就敢做, 但是财务人员忠于岗位职责, 他们说的也有一定道理。能不能寻求双方的共同点? 办法只有一个, 加强沟通。训练营销人员的财务意识, 训练财务人员、信贷部门人员的营销意识。

大家可能会问: 成立这么多的委员会能行吗? 我讲的委员会是打一个比方的意思, 目的是加强沟通。比如说生产科研和销售的委员会, 他们经常在一起沟通, 经常定期开会互通有无, 在经常开会的过程中, 就能感受到很多的问题。在没有开会之前, 你了解我这个部门状况和现实状况吗? 不了解怎么能理解? 没有理解怎么能沟通? 没有沟通又怎么能宽容? 没有宽容又怎么能有团队精神? 委员会更多地是一个协调的部门。现在很多民营企业很强调效益, 不开会, 在企业创业的初期这是可以理解的, 但是随着企业的壮大, 人和人之间的沟通越来越不利, 越来越不方便的情况下, 企业就必须重视定期开会。企业有条件的话, 应该建立网站, 无非就几万块钱, 但是有一个共同的信息平台, 大家你了解我, 我了解你, 在了解的基础上宽容, 宽容的基础上才有团队精神。

第二节　建立全员顾客导向型的企业组织

在现实生活中，大多数的公司是销售导向的，或者是产品导向的，或者是技术导向的，偏重销售，偏重生产，偏重科研。在市场大潮的推动下，越来越多的公司正采取步骤，希望成为市场导向型企业。什么是市场导向型企业？关心顾客、关心竞争者、了解企业做到如何增强竞争优势，最大限度地满足顾客的要求。用张瑞敏的话讲：盯市场，盯企业，盯外部环境。为什么现代很多企业都希望成为市场导向型企业，但成功者却不多呢？原因有两个。

原因之一，很多公司的领导并没有弄清楚营销和促销的区别。营销是在合适的时间，在合适的地点，提供合适的产品给合适的人。而促销过分强调广告宣传，过分强调人员推销的作用，你的产品如果做得不好，你的定价如果做得不好，再多的广告宣传，再多的销售人员也没有用，因为销售人员和促销是无形产品，无形产品要建立在有形产品的基础上才能起作用。

原因之二，很多公司将改变公司文化这一过程简单化，他们认为开几次研讨会，办几次讲座，就能把人们的认识给改变。他们忘记了人有选择性曲解，人们用已有的知识理解你刚刚讲过的话，他们有保守的、阻力的倾向。

下面介绍成功地将公司转向以市场为导向的公司所采取的几个步骤。

第一，领导挂帅。领导认识了营销的意义，领导就会运用自己的权威，教育自己的高层干部，教育自己的员工，从而使他们明白意义所在。我们说"上有所好，下必从之"。孔子说领导是风，老百姓就是草，风吹到哪里，草跟到哪里。

第二，建立营销工作委员会。营销工作委员会包含着企业的总经理、副总经理、销售、研究开发、采购、生产、财务、人事以及其他部门的经理和副经理等关键人员。目的是通过关键的少数，影响次要的多数，先让干部觉悟，然后再让他们在自己的范围内影响员工。成立委员会的目的是制定计划，以便将现代营销的思想和方法在公司中推广应用。换句话讲，营销意识不仅仅是营销部门所有，所有的部门都应该有营销意识。

第三，获取外界的指导和帮助。营销观念向公司推广的过程中，可以借助于高校教师和咨询公司等多方努力，当然了对他们也不能太迷信，因为西方的营销理念传到中国的时间毕竟是短的，他们（老师、咨询人员）对营销学的本质能不能有深刻的认识，还要打一个问号。这么多年我有一个体会：假如有一个问题，你没有得到解决，往往是某个简单的理论问题你没有完全弄明白，一旦把这个问题弄明白了，解决问题很简单。

第四，改变公司的酬劳结构。酬劳结构能改变预期收益和预期成本的比较。假如公司希望生产人员以营销为导向、以市场为导向，而又特别重视对成本的降低，这等于口头上说的和实质上所要求的是两码事。当采购和制造部门能够从成本的降低中得到利益的时候，他们就会拒绝接受为提高服务质量而要求的成本支出。当财务把重点放在短期利润绩效上的时候，他们就会反对为建立顾客的满意和忠诚而进行的营销投资。因此，政策要配套，共同为提高员工的营销意识而努力。

第五，聘用能干的市场专家。中国现在有跨国公司，也有一些市场化程度很高的公司，比如家电业。这些企业经理人在行业之间是相互流动的，他们在激烈竞争的行业里取得了成功经验，到市场不太激烈、市场化程度不太高的行业，正好适合做这个行业的老师。他们能在短时间内把你的企业的营销意识大大提高一步。因此聘用别的行业的能干的市场专家，是帮助企业提高的、非常好的一个办法，有利于现代营销文化在公司的普及，这就是空降兵的作用，在未来空降兵会越来越多，但空降兵应慎用。

第六，加强公司内部的培训计划。公司应当为高层技术人员、营销和销售人员、生产人员、研究开发人员等设计完善的培训计划，将营销的观念、知识、技能向他们灌输，使他们善于运用营销的意识。

第七，建立年度优秀营销活动评奖制度。公司应鼓励各业务单位将一定时期的工作实践写成文章，然后进行评比。在评比的过程中，鼓励先进，将营销意识更加深入地在全公司当中推广、普及。就好像指挥棒一样，能带动着员工前进。

第八，从以部门为重点转变为以过程结果为重点。现代社会分工越来越细致，部门越来越多，部门间的冲突也越来越激烈，导致管理成本提高，建立一个新的管理流程，有助于降低管理成本。比如说新产品开发的流程、顾客售后服务流程，将有关部门协调在一起定期开会，由一个人来指挥，以流程为中心，而不是以部门为中心，将部门间的冲突降到最低点，部门不多的时候要增加部门，部门多了就要降低部门间的冲突。

第三节 《营销哲学》课程的回顾

我认为营销学好比是一个人挑着一副担子，前面一只筐叫发现需求，后面一只筐叫满足需求，这个挑担子的人就叫营销者，扁担的作用就在于搜集判断来自天、地、人等环境变化的信息。扁担和肩膀的接触点叫内外部环境协调的平衡点。内外部的变化环境不一样，协调点也不一样。所以人在挑东西的时候，肩膀的位置总是不断移动的，这意味着为人民服务的宗旨是不变的，为人民服务的形式是不断变化的。这就是我心目中的营销。

课程回顾

一、营销部门与其他部门出现矛盾的原因与表现

1. 营销部门和开发部门。
2. 营销部门和工程技术部门。
3. 营销部门和采购部门。
4. 营销部门和生产部门。
5. 营销部门和财务部门。
6. 营销部门和信贷部门。

二、建立全员顾客导向型的企业组织

1. 领导挂帅。
2. 建立营销工作委员会。
3. 获取外界的指导和帮助。
4. 改变公司的酬劳结构。
5. 聘请能干的市场专家。
6. 加强公司内部的培训计划。
7. 建立年度优秀营销活动评奖制度。
8. 从以部门为重点转变为以过程结果为重点。

三、《营销哲学》课程的回顾

营销学好比一个人挑着一副担子。前面一只筐叫发现需求，后面一只筐叫满足需求，这个挑担子的人就叫营销者，扁担的作用就在于搜集判断来自天、地、人等环境变化的信息。扁担和肩膀的接触点叫内外部环境协调的平衡点。